【文庫クセジュ】

カルタゴの歴史

地中海の覇権をめぐる戦い

マリア＝ジュリア・アマダジ＝グッゾ 著
石川勝二 訳

Que sais-je?

白水社

目次

フェニキア・カルタゴ語の転写について、著者の前書き

本書において、ときとして名前あるいは短い表現をその起源の語で引用しなければならなかった。このような場合に、フェニキア語の文字が子音字であるために、母音は合理的に確かである場合に限って、かろうじて復元できる。子音は、フェニキア語碑文に使われた標準の例が採用されている。年代の記述にあたって、紀元前、あるいは紀元後はすべて明示した。この明示がない場合、「紀元前」の年代を意味する。固有名詞の綴《つづ》りは、一般に最も広く慣用としている形に従った。たとえばハスドゥルバルよりも、フェニキア語により近い形、アスドゥルバルを使った。神の名前についても、同じく原初のフェニキア語の形に忠実であるという理由で、バアル・ハンモン、ミルカルト、ティニトを用いた。ティニト神に結びつけられた表象については、「タニトの記号」という慣用の名に従った。[1]

（1）古代の固有名詞の日本語表記には訳者もおおいに迷った。フェニキア語やカルタゴ語の表記（おもに人名）は、著者が右に注記しているように、より原語に近い表記法を採用し、それ以外については、ラテン語の表記に従った（たとえば、ハンノーやマーゴーなど）。ヘブライ語についても、原著者の表記に従った（たとえばソロモンではなく、サロモンのように）。その他はできるだけ原語主義を採用した。ギリシアのものは、ギリシア語で、ローマのものはラテン語で。しかしときに現代定着している表記を用いた場合がある（シチリア島、サルデーニャ島など）。また、本書を訳出するにあたり訳者の注釈はできる限りつけない方針を採ったが、やむをえない場合に〔訳注〕と補った。

引用史料集の略号〔本文中では原著の略号を用いた。なお、おおよその日本語訳を記しておいた〕

- ACFP 4：*Actas del IV Congreso internacional de estudios fenicios y púnicos*, Cádiz, 2000.〔『第四回フェニキアおよびカルタゴ国際研究集会・会議録』〕
- CIS I：*Corpus inscriptionum semiticarum. Pars prima, inscriptiones Phoeniciae continens*, Paris, 1881-1962.〔『セム語碑文集成　第一部――フェニキア本国の碑文――』〕
- FGH：F. Jacoby, *Die Fragmente der Griechischen Historiker*, Paris-Leiden, 1923-1953.〔『ギリシア歴史家断片』〕
- HAAN：S.Gsell, *Histoire ancienne de l'Afrique du Nord*, vol. I-VIII, Paris, 1918-1930.〔セル『北アフリカの古代史』〕
- KAI：H. Donner, W. Röllig, *Kanaanäische und aramäische Inschriften*, I-III, 2e éd., Wiesbaden, 1966-1969.〔『カナン語およびアラム語碑文』〕
- RIMA 3：*The Royal Inscriptions of Mesopotamia. Assyrian Periods*, Bd. 3（A.K. Grayson）, Toronto, 1996.〔『メソポタミア王の碑文――アッシリア時代――』〕

はじめに

本書は、フェニキア人の都市カルタゴについて、その建設から始まって、前二世紀に突然起こった地上からの抹殺に至るまで、カルタゴの歴史と文化、ならびに現在その歴史を再構成することを可能にするさまざまな史料など、すべての角度から示そうとするものである。われわれはまたカルタゴを通じて西地中海のフェニキア文化がどんなものか、おおまかな見当をつける情報を与えたい。もっともフェニキア文化は、前六世紀以降、ポエニ人、つまりカルタゴ人の文化と呼ばれたのであるが（「ポエニ人」の語は、のちにローマ人がフェニキア人をそう呼んだ語であり、もともとギリシア語であった）。

カルタゴの研究は、非常に遠い昔に遡らねばならない。その理由は言うまでもなく、カルタゴがギリシア史のみならず、とりわけローマ史に重要な役割を果たしたからだが、理由はそれだけにとどまらない。近代のヨーロッパにおいて盛んになってきた運動、「オリエントの再発見」によって火をつけられたという事情もあった（部分的には、十九世紀の政治史と軍事史にも関係があった）。シャトーブリアンは早くも一八〇七年にカルタゴの故地を訪問し、ビュルサの丘において、ディドーの宮殿、あるいはまたエシュムーン神の社の痕跡などを判別できた、と確信した。カルタゴの最初の考古学地図は、チュニジア駐在のデンマーク領事C・T・ファルベの努力に多くを負った（一八三三年）。その地図は、いくつもの現場を当時のままに確定していて、こんにちでもなお有用である。しかし十九世紀は、また各地の博物館の収蔵品を富ますために、考古学の現場が格好の探索の場を提供した時代でもあった。たとえばN・デイヴィーズはこの世紀のなかばごろに、カルタゴのモザイク画と石碑をいくつか大英博物館にもたらした。E・プリコ・ド・サント＝マリーの目的も同じであった。カルタゴの記念碑、主としてトフェトの奉納の石碑を「収集する」よう碑文・文学アカデミーから委託されたが、それはルーヴル博物館の収蔵品を富ますためと、CISの公刊のためであった（彼が持ち帰った記念碑を積んだ船は、トゥーロン港内で難破したが、大部分の石碑は、無事に海底から引き揚げられた）。

ギュスターヴ・フロベールは、一八五八年に一つは彼の小説『サランボオ』――この小説はヒロインの名からそう名づけられた――を書くために、そのほかにトフェトの地域を決めるために雇われて、一カ月のあいだカルタゴに滞在した（サランボオはフェニキア人の女神の名を称したもの）。この作品は大成功をおさめ、当時流行の「東洋学者」の趣味にある種の刺激を与えた。

ビュルサの丘――そこには聖ルイ王の教会があった――の見取り図の作成は、Ch＝E・ブーレに負うところ大であった。すなわち彼は一八五九年にビュルサの丘を発掘して、ローマ人が築いた攻囲軍を掩護する壁の地域においてカルタゴ人の城壁を発見したと確信した。こうしてブーレは、その研究のあいだに、カルタゴを襲った前一四六年の破壊を示す層に行き着いた最初の人となった。フェニキア人のカルタゴと現実のカルタゴ市の認識は、A・L・ドゥラットル神父（ペール・ブラン修道会）の諸著作にその源を発した。彼は一八七八年にカルタゴへ派遣された。チュニジアは一八八二年にフランスの保護領になると、「古文化財局」が設立されるが、その創設はドゥラットル神父の尽力に多くを負った。この古文化財局は、やがて国立カルタゴ博物館へと発展し、カルタゴに関する最初の博物館の中核になった。P・ゴークレは一八九九年に古文化財局の第二代局長になり、ドゥラットル神父の仕事を受け継いで研究を進めた。このようにして、カルタゴ滅亡後、長くうち捨てられていた死者の町は、その最大部分が発見されたわけであるが、生きたカルタゴ人の町は、カルタゴの墓地における研究を進めることによって、再現されることになるだろう。すなわち二十世紀のさまざまな研究によって、カルタゴ市は多かれ少なかれ組織的な方法で再構成される。このような研究からいくつかを挙げてみる。A・メルラン、P・G＝G・ラペイル、Ch・ソーマーニュ、C・ピカールとG＝シャルル・ピカールの夫妻、P・サンタスらの研究である[1]〔トフェトに関しては八七〜九一頁参照〕。新しくは、一九七二年以後、チュニジア政府がユネスコの支援を受けて推進した国際的な発掘隊がいくつも組織されたことを挙げなければならない。これはカルタゴ市の歴史を再構成するさいに新しい局面を開いた。考古学の綿密な手法を特徴とし、その結果、フェニキア人のカルタゴと、ポエニ人のカルタゴの研究が一新されたことは明らかである。

（1）ここに列挙された研究者の業績は、たぶんこんにちでは古いものであって、巻末の参考文献では、C・サンタス【1】以外は掲載されていない〔訳注〕。

第一章　フェニキア人の植民運動とカルタゴの建設

カルタゴは、古代の「クアルト・ハダシュト」〔町・新しい〕、つまり「新しい町」を意味し、地峡によってかろうじて内陸と結びついた、ほとんど島と言ってよい場所に位置した。(1) フェニキア人が建設した都市の特徴とは、そのようなものであった。海側から容易に接近でき、後背地からの孤立を保ちつつも、もう一つの川、メドジェルダ、つまり古代のバグラダ川があったおかげで、内陸と容易に連絡ができた、このような二重の接近法を享受した都市であった。現在、状況は一変してしまった。なぜならメドジェルダ川の沖積土は古代の湾の形をすっかり変え、海岸線もおおいに変更されたのである。つまり北の湾を塩湖（セブカ・エル・リアナ）にしてしまい、現在のチュニス湖がある南部において、海岸線は古代の状態にくらべて確実に前進している。とくに発掘の結果がそれを立証している。古代のカルタゴ市の歴史を再構成するさい、非常に重要なことは、いくつかの変化、人間とその歴史によって決定的にされた変化があったことである。前一四六年、カルタゴはローマによって破壊され、前四四年、カエサルによって植民市として建設された。その後は、後四三九年にヴァンダル人によって侵略され、五四八年、ビザンツ帝国によって占領され、最後に、後六九六年にアラブ人によって征服され

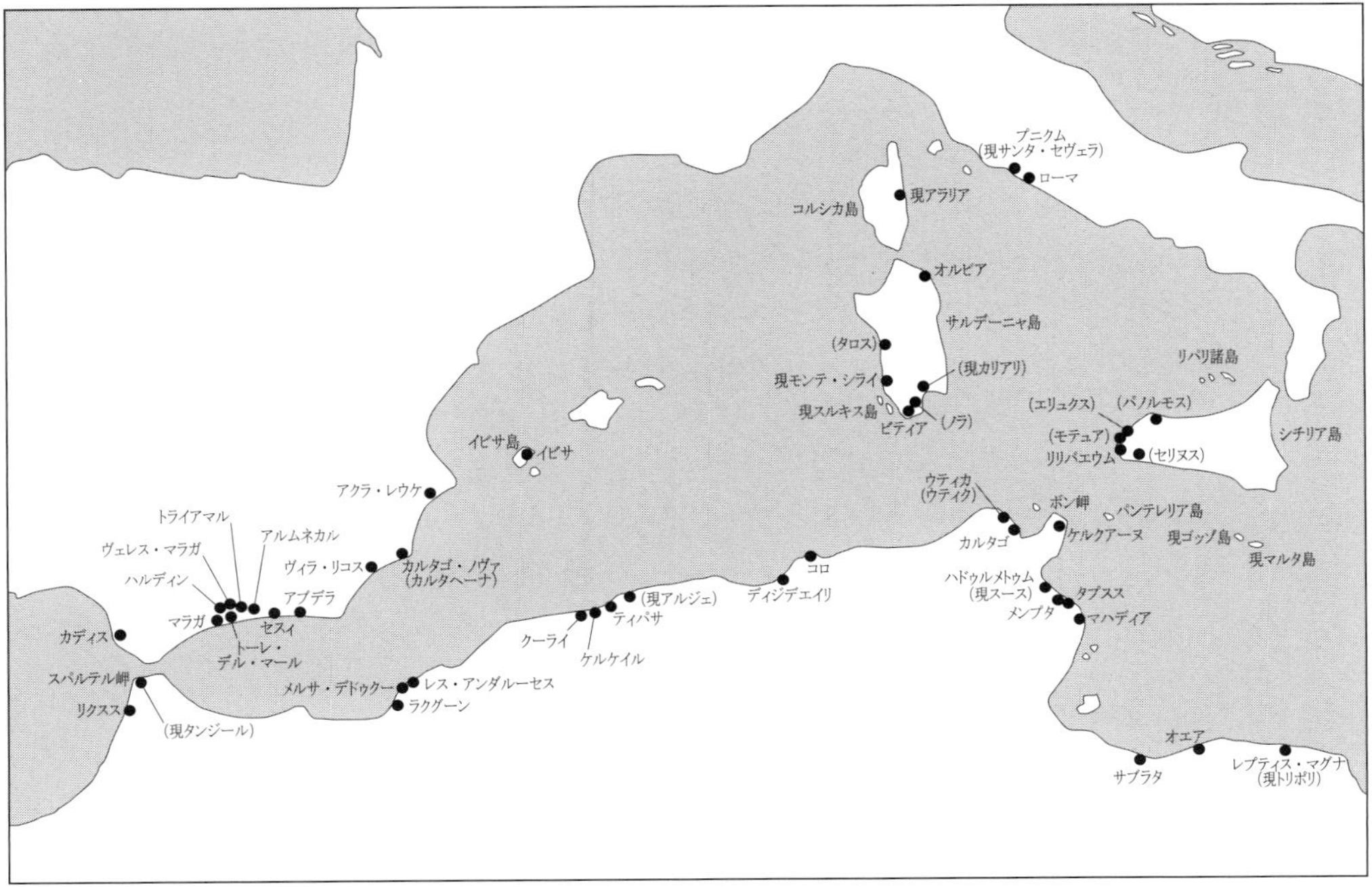

図１　地中海のフェニキア植民市　　地名はラテン語あるいは現代名で記している．（　）内はギリシア名である．

た。アラブ人は衰えて人口が減少したカルタゴ市を見出した。それからカルタゴは、とくに新しい中心都市を建設するために（チュニス、カイルーアンなどの都市）、石切り場として役立てられた。

（1）原文はこのような意味になる。古代のカルタゴを取り巻く地勢は、この都市が地中海に面した湾（チュニス湾とウティカ湾）やチュニス湖によって取り囲まれたうえに、ウティカ湾とチュニス湖とを分けた狭い地峡によってかろうじて内陸と結ばれていて、この地峡を防塞（いわゆる三重の城壁）で閉ざし、一種の孤立状態にあった、と原文は言おうとしているのだろう。図2（一九頁）を見ていただければわかるように、カルタゴの都市域は、あたかも海に突き出た鏃（やじり）の形をしていた〔訳注〕。

カルタゴの非常に長い歴史を短く概観すると、以上のようになるが、カルタゴが第三次ポエニ戦争後も生きつづけたことは、カルタゴ市がローマ帝国の時代にかなりの発展を見たことからはっきりしている。けれどもローマとの三度の戦いは、その歴史に断絶をもたらした原因であったことは紛れもない事実である。カルタゴの組織的な破壊によって文学的な記録、つまりフェニキア人とカルタゴ人の全生涯の生活面を詳しく跡づける著作は、すべて完全に散逸してしまった。カルタゴ市の再建はローマ時代に行なわれたものの、多くの場所で古代都市の痕跡を消し去った。最後にひとこと付け加えるなら、現代の都市の建設は、古代の都市域の考古学的な研究をより難しくした。それゆえ、「事実」を再構成すると言っても、ギリシア語とラテン語の史料に頼らざるをえないが、そのような史料は、カルタゴ市とその領土に起こった出来事を近隣の強大な勢力、たとえばシチリア島のギリシア人の都市国家との関係や、とりわけローマとの関係でしか報告していない。これらの史料は、公平に見て必ずしも均等な目配りをしているわけでなく、その大部分はしばしばカルタゴの宿敵の手になる著作であって、むしろカルタゴに否定的な傾向さえもっている。それ以外に、とりわけ最古のカルタゴ市の歴史に関するさまざまな証言があるが、それらはまたカルタゴの建設――神話的な成り行きがあった――に関する事件から遠く隔たった時代の著作家たちから発している。したがって現在、手に入るさまざまな結果は、それほどバランスはとれていない。つまりカルタゴに関する歴史的挿話や歴史的局面を再構成することは不可能ではないが、しかし完全な総括は望みえない状況にある。

文学的なデータと違って、歴史を直接知りうる史料、すなわち考古学の遺物や碑文が残されている。これらの史料はまず第一に、古典時代の著作家たちの情報からは知りえない各種の情報を提供してくれるので何より貴重である。第二に、部分的であれ、カルタゴ市の古い歴史の局面を再構成するためのいろいろな手段を与えてくれる。すなわちこの都市の住民が営んだ日常生活、そして最も豊かな意味のある彼らの文化、さらに彼らの思考様式など、内容は多岐にわたっている。われわれはいまだ多くの欠落と未解決の諸問題に直面している。しかし、二十世紀後半の数十年のあいだに研究は活発に進み、とりわけユネスコによって推進された発掘隊の活躍（一九七二年以後）のおかげで、たゆまぬ研究の進展が見られた。また一方で、カルタゴ史の最古の局面に関する新しいさまざまな問題が提起された。現在、十九世紀や二十世紀に行なわれた歴史の再構成の結果、ギリシア語やラテン語の著作家たちの物語にくらべて、首都のカルタゴが果たした歴史上の役割を、あまり特定の傾向に傾かない方法で評価でき、古代地中海の歴史と文化のなかにカルタゴの役割を正しく位置づけることも可能になった。

I　フェニキア人の植民運動

カルタゴの建設は、あの「フェニキア人の植民市建設」の現象のなかに位置づけられる。つまりアジアの近東の海岸から、とりわけレバノンの海岸から発して地中海の中央部と西部において多数の定住地を建設するために地中海を横切って来た住民たちの運動である。彼らの植民市建設の年代をいつのときのこととするか、激しく論争されている。実際に多くある文学的な史料からの報告のあいだに意見の一致はない。すなわちそれらの史料は、フェニキア人の最古の植民市建設を紀元前二千年紀の終わりまで遡らせている（モロッコのリクススを前一一〇〇年に、スペインのガデス、現在のカディスを前一一〇四／一一〇三年に、チュニジアのウティカを前一一〇一年に）[1]。そして考古学のデータは、前八世紀という長い期間にわたるさまざまな年代を提示した。他方でフェニキア人の植民市建設の現象、その一部のカルタゴの建設は、仮説の域を出ない。なるほど西地中海を目指したフェニキア人の植民運動は、何よりもまず第一に経済的な種類の理由による。すなわち原材料、銅、銀、鉛、錫を手に入れようと各地に出向いたのであって、地中海の西部の諸国、とりわけイベリア半島やサルデーニャ島は、これらの資源を豊かに産した。彼らは母国のフェニキア海岸に向かい合っていたキュプロス島にも関心をもっていた。つまり現在のレバノンの住民は、ずっと遠い昔の時代からキュプロス島と緊密な関係にあった。

（1）年代と年代のあいだのスラッシュは、その年が西暦に直した場合、両年にまたがっていることを意味する〔訳注〕。

地中海の東部と西部とのあいだの最初の航海と物資交換が始まったのは、やはり前二千年紀後半のことであった（最新期の青銅器時代）。しかしこの局面は（シチリア島とサルデーニャ島における）ミュケナイとキュプロス島の陶器と、そしてとくに銅の地金の発見物が立証しているように、古代近東の全般的な危機によって突然に中断された。それは「海の民」と呼ばれた住民の移動によって増大した政治的および経済的な危機である。

植民市建設のこの現象は、厳密に言ってこの「曖昧模糊とした」時代〔いわゆる暗黒時代〕よりあとの前八世紀中に起こったが、考古学がそれを証明するとおりである。けれどもそれより古くに通商という性格を持つさまざまな接触があって、それは植民市建設から少し前の時代（前十～前九世紀）に関係していた、と見なされている。多くの研究、とりわけ炭素一四の計測値の分析に基づく研究によって、考古学が立証した最古の諸局面の年代を八〇年ほど引き上げるというのが新しい傾向である。それはとりわけフェニキア人がスペインとカルタゴにおいてはっきりと見せた活動の研究領域に関する局面である。しかし、伝統的な年代設定に基づくアーケイック時代〔暗黒時代につづく時代〕の年代とギリシア陶器の年代設定とのあいだにどんな関係があるか、これらの諸問題は、いまだ論争中の新しい論題である。

こう見てくると、おそらくカルタゴの建設は、いろいろな次元で考えて、その他の都市と同じ設計図で建設されたと考えるべきで、またカルタゴは正確に述べるのが難しい歴史的な多くの原因もあって、独特の方法で発展したのであった。その名、「新しい町」――「新しい都市」という意味もありうる――そしてカルタゴほどぴったりでないが、同じく戦略的に有利な位置にあったウティカより古い建設であること、そして最後に、建設の伝説があったこと（ガデスと並んで唯一の例）、これらの要因がひとつになってその他の定住地とくらべてもカルタゴの建設には西地中海に特別の役割を持つべき運命が定められていた、熟慮のうえにも熟慮した意図があったと充分に想定させるのである。しかし、たとえそう考えるにせよ、それはその後にカルタゴ市がたどった特異な歴史に基づく仮説と言ってよいだろう。

Ⅱ　カルタゴの建設

現存するあらゆる証拠文書によると、カルタゴはその母市テュロスにくらべて新しい都市であった。古代の多くの著作家は、カルタゴ建設の年代や祖国から遠く離れた土地で新しい住民が定着を始めた伝説的な物語を報告している。そのような情報は数も多く、また事細かに記してはいるが、そこに語られているいろいろの事件よりもずっとあとに書かれたものばかりで、しかもこれらのデータはしばしば同一の史料から出ているため、どれほど価値があるか、いっそう慎重に考えなければならない。

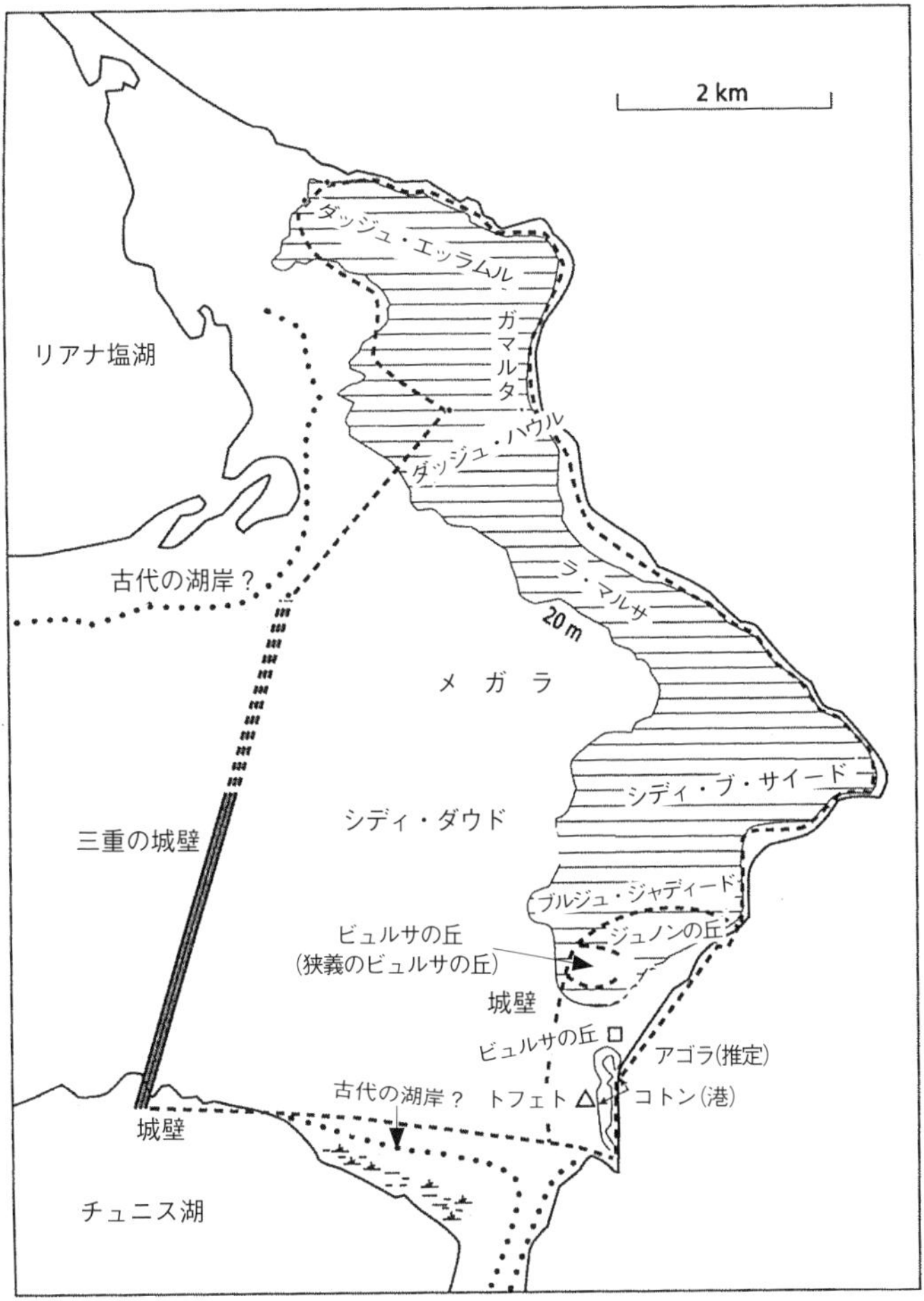

図2　カルタゴ半島　ヘレニズム時代の都市と城壁

1　建設の年代学

一般に受け入れられている最も可能性のある年代は、前八一四年である。実はこの年代が正確か、よく考えてみなければならない。なぜならこの年代が多く依存するのは、文学的な伝承――その根拠は確かとされるが――に基づく計算だからである。むしろその年代は、一つの象徴、前九世紀の最後の四半世紀という、この非常に古い年代を示すための象徴と言うべきである。もう一つ別の伝承は、カルタゴの生誕を前二千年紀のあいだに、つまりリクススやガデスやウティカなどの建設と同じはるか遠い昔の年代に一致させている。

（A）カルタゴの生誕を前九世紀に置く説

カルタゴ建設の年代を報告するほとんどすべての著作家は、タオルミナのティマイオス――前四世紀末から前三世紀の初めにかけてのシチリア島の著作家――の証言を引き合いに出しているが、彼の情報はとりわけアウグストゥス時代の歴史家ハリカルナッソスのディオニュシオスによって伝えられた歴史書にある（『ローマ古史』Ⅰ、七四、一）。すなわちカルタゴは第一回オリンピア競技祭（前七七六年）の三八年前、前八一四年に建設されたと言われる。これとほぼ同じ年代、前八一三年がキケロ（『国家について』Ⅱ、二三、四二）やその他の著作家によっても報告されている。

この年代が確かであることは、フラウィウス・ヨセフスによって確認される。彼は後一世紀のユダヤ人歴史家で（『アピオンを駁す』Ⅰ、一一六～一二六）、その史料はエフェソスのメナンドロス（前二世紀の前半）であった。メナンドロスはテュロスの年代記そのものを使ったと言われる。彼によるとカルタゴの建設はサロモン王によるエルサレム神殿の建設の一四三年と八カ月後に行なわれた、とヨセフスは報告している。そのうえにまた、その神殿の建設はテュロスのピュグマリオンの治世の七年目に置かれる。この支配者の名は、テュロスのヒロン一世以来の歴代の王のリストのなかに見られるが、この王名表はこれらテュロスの歴代の王の各治世の年数を含んでいる。[1] 旧約聖書のデータに基づいて、サロモン王の治世は、前十世紀の前半に置かれる。すなわち『列王紀』第一書によると(六、一一と六、三七)、サロモンの神殿は彼の治世の四年目に建設が始まり、神殿の建設は七年間続いたと言われるが、これによって、その年代はおおよその計算ながら、前九世紀の終わり頃となる。

(1) 巻末参考文献【2】、二〇三〜二〇四頁参照。

これらの情報のほかに、今や直接の情報がある。それは伝統的な年代を支持するものである。すなわちアッシリア王サルマナッサル三世(前八五八〜前八二四年)の碑文は、テュロスの王バーリマンジル(RIMA 3、五四Ⅳ一〇)が彼の治世の一八年目、つまり前八四〇年に支払った貢租を報告している。この王はフラウィウス・ヨセフスによって引用され(『アピオンを駁す』I、一二一)、バレアゼロスと同一人物と見なされるが、彼は八年間統治したと言われる。彼の跡を継いだのがムットン(ないしマタン)で、ピュグマリオン王の七年目は――メナンドロスによるとカルタゴの建設の年――前八二五年と前八二〇年のあいだに置かれるだろう。それはティマイオスのデータから派生している年代、前八一四年に非常に近い。さらに言えば、この二つの計算が同じ伝承に基づいたことはありうる。たとえばシチリア島の著作家ティマイオスは、エフェソスのメナンドロスが利用したとされるテュロスの年代記と同一のカルタゴ人の史料にあたることもできたであろう。

カルタゴ建設の「遅い」年代は、最終的にただ一つの史料〔ティマイオス〕に基づいているように思えるが、その年代は信頼に足ると思われる。実際にこの新しい都市カルタゴの母国、テュロスの公式の『年代記』はこの「遅い」年代を採用している。この年代が一般に受け入れられるのは、公式の年代のとおりであり、また考古学が示す推定年代の結果からでもある。逆に依然として問題があるのは、カルタゴの生誕を前二千年紀の終わりに置く伝承の起源と、その伝承はもともと信頼できないという点である。

（B）前二千年紀の終わりのカルタゴの誕生

ギリシア人の歴史家シュラクサイのフィリストス（前四世紀の人）の断片は、次のように語る。「カルタゴはこの時代にテュロスの人アゾロスとカルケドンによって建設された」（FGH、Ⅱ、B、第五五番の断片四七）。「この時代に」とは、トロイア陥落の三三年前である。エウリピデスの悲劇、『トロイアの女たち』はおそらくこの伝承に忠実に従っている。そのさい、エウリピデスはカルタゴの建設をトロイア戦争の前に起こったさまざまな事件に相応する事件として思い起こしている。前四世紀のクニドスのエウドクスも同じくテュロス人はアゾロスとカルケドンに導かれて「トロイア戦争の少し前に」カルタゴを建設した、と報告している。

以上の伝承は、都市がどれもその建設者の英雄を持ったというギリシア人の模範を反映するものである。いま問題となっているカルタゴの場合、建設者の名前は、テュロス市（Tsor あるいは Tsur で、sr はフェニキア語で「岩」を意味する）と、そしてクアルト・ハダシュト、つまり「新しい町」の建設者の名に由来するが、新しい都市の名は、ギリシア語でカルケドンに、ラテン語でカルタゴになると述べているだけで、いかなる考古学のデータによっても支持されていない推定上の年代が信頼に足るかということである。

カルタゴ建設の年代、それとともにリクススやガデスやウティカの建設にも関係する年代は、トロイア戦争——前一二〇〇年から前一一八〇年のこととされる——と、同じく「ヘラクレスの子孫の帰還」の年代と人工的に結びつけられたと思われる。いわゆるヘラクレスの子孫は、神話に従うとトロイア戦争の八〇年後に、ギリシアにおいて最初の王朝を開いた。それに間違いはない。フェニキア人が初めていくつかの定住地を建設したのは、少なくともギリシア人の最初の王朝と同時代であった——それより古くはなかったとしても——と考えられる。地中海を行き来したフェニキア人の航海者たちは、ホメロスの語った物語にも、したがってまたトロイア戦争の時代にも、「英雄たちの帰還」の物語にも現われている。[1] したがってそれは新しい証拠が出ない限り理論上の計算に基づく再構成にとどまる。もっとも、このような再構成を一般に誰も信じていない。他方で、カルタゴは先にあった定住地の上に建設されたとはとても思われない。われわれはこのことを思い起こす必要がある。ただしカルタゴの現地でミュケナイ陶器の破片が発見されたとひとこと述べておかなければならない。

（1）参考文献【2】、五四～五六参照。

2 神話

神話的なカルタゴ建設の物語——その物語はヘレニズム時代以前にフェニキア語のいろいろな物語の

要素に依拠して生まれた――は周知のものばかりで、数多くの著作家によってそれほど重要でない異説をもって伝えられたが、なかでも最も有名な著作家は、ウェルギリウスである。ユスティヌスは、氏素性が明らかでなく、いつの時代の人かも怪しいが（後二世紀から三世紀、または四世紀）、ポンペイウス・トログス（アウグストゥス時代の歴史家）の「フィリッポスの歴史」を要約していて、カルタゴの建設を詳細に伝える（ユスティヌス、XVIII、四～六）。テュロスの王ピュグマリオン（たぶんフェニキア語ではプマイアトンと思われるが、その名はとくにキュプロス島において用いられた）は、義弟、つまり姉妹のアケルバスないしシュケルバスの夫で、ヘラクレス（ミルカルト）の司祭からその富を奪おうとして処刑した。この司祭の姉妹エリッサ（おそらくフェニキア語では ʼišt であるが、母音の名もその意味も不確かな名前である）は、策略を用いて宝庫とミルカルトの聖所（ユスティヌス、IV、五によるとヘラクレスの聖物）と一緒に海に逃れることに成功した。彼女と一緒についていったのは、有力者の一団であった。彼女はキュプロス島に一時滞在し、アスタルテの大司祭とウェヌス（＝アスタルテ）の聖所で売春をしていた若い八〇人の娘を引き連れていった。さまざまな土地を経巡ったのち、彼女はついにリビュアに到達した。彼女はその名をディドー――その意味はいまも激しく論争されている――に変え、原住民から買った国土を占拠した。その広さは雄牛の皮が覆うことのできる広さであったにちがいない。エリッサもしくはディドーは、もう一度策略を使ったと言われる。彼女は雄牛の皮を切って細長い革紐に作り変え、その革紐が囲った土地を占拠した。この伝説からビュルサの名が派生している。ギリシア語で（革紐を作るために）「作られた皮」を意味するこの語は、最も古いフェニキア人の定住地を意味するだろう。この地名の起源の形について、絶えず疑問が抱かれている。場合によっては、セム語かもしれない。この伝説を生んだギリシア語の地名と同類であったにちがいない（一つの仮説は、その地名が「要塞」を意味するアラム語と関係があるとしている）。

そこで都市を建設するための場所を選んだのち、新しい住民たちは土を掘っているとき、雄牛の頭を掘り出した。つまり力と労働の象徴で、しかしまた従属の象徴でもある。新しい住民たちは、そこで場所を変えて土を掘ると、今度は馬の頭、つまり戦力の象徴を発見した。彼らはそこに新しい都市を建設した。ひとたび定住するや、植民者たちはもっと古い植民市の一つウティカの住民の訪問を受け、贈り物をもらった。

この短い物語は女王ディドーの死へと続いていて、ウェルギリウスの叙述によって依然として有名である（アエネアスに絶望しながらなお愛情を抱くディドーとして描くことによって、彼はこの伝説に変更を加えた。『アエネイス』Ⅳ）。土着の首長、ヒエルバスは女王に結婚を迫ったが、女王はもう一度策略を用いた。彼の求婚を受け入れたのは、新しい町の住民を守るためであった。しかし彼女は、亡き夫との思い出を汚すことをけっして望まなかった。女王は薪の山に火を点けさせると、剣で我が身を刺し貫き、火に身を投じた。第三次ポエニ戦争のときのこと、最高司令官アスドゥルバルの妻は、アッピアノスの物語るところに従うと、祖国創建の女王のごとく振る舞い、みずから死を選んで、女王と同じように火炎のなかで命を終えたのであった。

すべての注釈家は、この伝説からいくつかの情報、ないし教訓を引き出そうと試みた。もっと広い目で全体を見てみると、そこにはテュロスとカルタゴとのあいだの深い絆があり、それは他の文学的な史料によって確認される。すなわち、カルタゴ人は十分の一税をテュロスのミルカルトの聖所に毎年支払ったことがその一つである。次に、アレクサンドロス大王がテュロスを攻囲したさいに、カルタゴの使節団がそこにいたことである。また、カルタゴが軍事的な勝利を手にしたとき、テュロスの聖所に贈り物を贈ったことである。最後に、ポリュビオスの報告する前三四八年にカルタゴとローマが結んだ第二回の条約である。

この神話は、新しい植民市カルタゴの建設の本源にあったいろいろな原因とその組織に関する情報を与えてくれるように思われる。前提となった社会階級は、階層制の頂点にいた人びとである。すなわち、王家の人びと、神官職の家に属する人びと、これらがひとかたまりになり、「富裕な」市民が彼らに付き従っていた。祖国を立ち去った理由には、内紛という理由があったように思われる（しかしこの解釈は満場一致で賛成されているわけでない）。ディドーが神殿の宝庫を自由にしたとか、異なる起源の人びとが新しい定住地、つまり植民市に参加したことなどである。これらの事実に注目するのは重要である。最後に土着民への言及は、ある人びとによると、そもそもの初めからいろいろな関係が地方住民とのあいだにあったことを示唆するように思われるが、しかしそれについてわれわれは何も知らない。現在のところ、前九世紀の終わりに文化の発展があったことを知るのみである。ディドーの自殺の意味については多くの議論があるが、植民市建設の一つの儀式だったことはまちがいない。王みずからを犠牲に捧げる儀式——トフェトにおいて執り行なわれた犠牲式がその根源にあった——を神話的に表現したのだろうか。それとも植民者たちの純粋にフェニキア起源の血統を示そうとした自負だったのだろうか。

第二章　最古のカルタゴの歴史

I　カルタゴのシチリア・サルデーニャ両島の支配

ギリシア語やラテン語で書かれた史料にはカルタゴの建設の年代、その伝説に関することなどで満ち満ちているとしても、それらの史料は、それにつづく時代に関しては、前六世紀の後半に至るまでは意外なことにほとんど無言を押し通している。シチリア島のディオドロス（カエサル時代の人）によって、北アフリカの都市カルタゴは、その建設後一六〇年目に（前八一四年から計算して）、すなわち前六五四年にイビサを建設した、と報告されている（『歴史書集成』V、一六、二～三）。考古学はこの注記を支持していないように思える。むしろイビサの最初の痕跡は、明らかにイベリア半島南部からやって来た人びとのものであると、語っている。それ以外の証拠から、イビサがすでにずっと以前からフェニキア人の航海者に知られていたと思われる（時代のきわめて古いアンフォラの残存物があり、またキュプロス島出自を暗示する前七世紀のフェニキア語碑文もある）。

これよりずっとのちの注記ながら、ユスティヌスの注記が知られている（ユスティヌス、XVIII、七）。それはのちにマルクスの名で呼ばれた将軍[1]（ユスティヌスによるとドゥクス）がアフリカで戦ったあと、シチリア島において勝利を得たのに、サルデーニャ島ではいくつもの敗北を喫している。彼は祖国に帰ると、支配下の軍隊とともに追放されたと言われる。彼はそのときカルタゴを攻囲したらしい。彼の息子カルタロンが十字架刑に処せられた伝説が生まれたのは、この攻囲のあいだのことであった。彼はミルカルトの神官の衣服を纏《まと》ってその場に臨んだ。この挿話は、何人もの著作家によってカルタゴ人に人身御供の罪を負わせたことと関連して解釈された。

（1）原語はMalchus〔訳注〕。

マルクスはその積極果敢な企てに成功したらしい。すなわち彼は勝利者となって祖国に帰還を果たし、カルタゴにおいて権力を掌握した、と言われる。けれども彼は王権を熱望したため死刑に処せられたらしい。

カルタゴの歴史の、少し図式化した再構成によると、マルクスの征服事業は、マーゴーとその二人の息子たち――つまりマーゴー家の創始者――によって首尾よく推しすすめられたらしい。「マーゴー家」という同じ家の構成員がカルタゴ支配の主導権を握ったのであり、彼らは前四世紀の初めに至るまで、その権力を保持し続けたと思われる。報告された諸事件は、パウルス・オロシウスによって年表風に記述されている（『歴史』Ⅳ、六、九）。彼は、紀元後五世紀前半の著述家で、マルクスの遠征をキュロス王の治世（前五五九～前五二九年）のときであったとしている。しかし、それはけっして確かな事実とはいえない。マルクスの名は、語根mlkと関連づけられるが、それはフェニキア語で「王」を意味する名を作るもので、彼がカルタゴの王であった可能性も考えられる。しかしユスティヌスのどの写本もこの固有名詞を挙げていない。固有名詞マルクスは、ずっとのちに作られたものである。もっともカルタゴは君主政によって支配されたことは一度もない、という確実な証拠も存在しないのであるが。

マルクスとその後継者たちの積極果敢な政策は、カルタゴにとって拡大政策の出発点と考えられている。そしてまた、前六世紀のほぼ半分は、それに先立ったフェニキア人の（つまり東地中海の）段階からカルタゴ人の（つまり西地中海の）段階へと移りはじめた時代と見なされる。広く受け入れられているのは、このような紋切り型の専門用語である。

シチリア島遠征に関していえば、この島へカルタゴ人が介入したのは、ギリシア人の前進に対し島の西部のフェニキア植民市が救援を求めて訴えたのに応えたものであった。すなわち、前五八〇年にクニドスのペンタロスは、リリバエウムに腰を据えようと試みて遠征軍を率いてきたが、フェニキア人とシチリア島の土着民エリュマイ人の連合軍によって撃退された（ディオドロス『歴史書集成』V、九。パウサニアス『ギリシア案内記』X、一一、三～五）。カルタゴは、この肝心な時機に名前が挙げられておらず、したがってカルタゴがその領土から打って出たのは、ようやくもっとあとの、マルクスと彼の息子たちがシチリア島に介入したときであっただろう。

最近の理論によると、マーゴー家のシチリア島介入の目的は、フェニキア人植民市を保護するためではなく、むしろ服従させるためであった(1)。前六世紀のなかば頃にモテュアの被った破壊が示しているように、フェニキア人植民市の破壊は、カルタゴ人の襲撃の結果だっただろう。シチリア島のフェニキア系職人層は、カルタゴといっそう緊密な関係を示すようになり、他方で北アフリカの葬儀の儀式に似せた儀式が確認されるのは、この時代以後のことである（土葬が火葬に取って代わったこと）。

（1）参考文献【3】参照。

シチリア島の植民市と同じ種類の植民市は、サルデーニャ島の植民市にも見られたと思われる。けれども文学的な史料によると、マルクスはサルデーニャ島でも敗北を喫したらしい。彼の征服の仕事は、マーゴーの息子たち、アスドゥルバルとハンニバルによって（ユスティヌス、XIX、一、二〜八）前六世紀の最後の四半世紀になってようやく締めくくりがつけられたらしい（アスドゥルバルは、これらの戦争のあいだに死んだと思われる）。アスドゥルバルとハンニバルの軍事作戦の痕跡は、いくつかの都市域（クックス・ド・ヴィラシムス、モンテ・シライ）に見られる複数の破壊層において明らかにされるだろう(1)。

（1）参考文献【4】参照。

たしかにこの時代にカルタゴが支配したといっても、フェニキア起源の諸都市にかなり大きな自治権を許したらしい。シチリア島においてはそうであった。しかし、サルデーニャ島の自治権はそれほど大きくはなかった。シチリア島に関しては——そこでは文学的な史料が比較的豊富にある——カルタゴの主権（ギリシア語でエピクラテイア）は、前四世紀の終わりになってようやく定着したにすぎない。そのことはとりわけ鋳造貨幣に基づいて明らかである。すなわち、シチリア島のフェニキア諸都市は、この時代に至るまで固有の貨幣を鋳造しつづけた。

Ⅱ　フォカイア人との通商上の敵対とアラリアの会戦

広く受け入れられた見解は、カルタゴがフェニキア人の多くの中心都市に対してとった支配の政策を、とりわけみずからの母市テュロスが前六世紀の初めに弱体化したことに関連づけている。すなわち、テュロスは、バビュロニア人が拡大政策を採り、ネブカドネザルが情け容赦なくテュロスを攻囲したことを計算に入れなければならなかった（攻囲は前五八五年に企てられ、一三年間続いた）。これは事実に支えられていない、一つの仮説である。考古学的に見ると、前六世紀のカルタゴ市は、まだ引っ込んでいる存在であった。いずれにしても、古代の著作家たちの情報は、前六世紀の地中海においてカルタゴの役割は徐々に明白になると示している。すなわち、カルタゴはアラリアの会戦の挿話にくっきりと姿を現わすが、その戦いはフォカイア人が西地中海で拡大を遂げた一つの帰結、つまりヘロドトスが語る東地中海におけるペルシア人の圧迫が引き起こした結果であった。それについてわれわれが知っているのは、歴史家ヘロドトスの報告以外にない（『歴史』Ⅰ、一六五〜一六六）。

小アジアのフォカイア人は（前六〇〇年ごろのマルセイユの建設は、彼らの手に帰せられる）、あるときはタルテッソスに定住し、またあるときは祖国がペルシア人によって攻囲されると、西地中海へ向けて脱出した。彼らはキオス島からさほど遠くないオイヌッセスの島々に腰を据えようとしたのち、再び海に乗り出し、結局コルシカ島（ギリシア語でキュルノス島）に落ち着いた。彼らはすでに二〇年前（前五六五年頃）にコルシカ島のアラリアに定着したが、その結果、「彼らがコルシカ島に到着したとき、最初に到着した人びとと共同で五年間住んだが、そのあいだにいくつもの聖所を建設した。彼らはそのとき近隣の住民を区別なく誘拐したり略奪するという罪を犯したように、チュレニア人〔エトルリア人〕ならびにカルタゴ人は、フォカイア人に対する協力体制を組み、おのおのが六〇隻の艦船をもって戦争を準備した。一方、フォカイア人もまたその船舶――その数六〇隻に達した――を武装したのち、サルデーニャ海と呼ばれた海において彼らを迎え撃った。海戦が行なわれ、フォカイア人に勝利が舞い込んだといっても、それは彼らの艦船のうち、四〇隻が破壊される「カドメア人の勝利」であった。破壊されずにすんだ二〇隻の艦船は、船の衝角が曲がってしまって使いものにならなかった。それでフォカイア人はアラリアに戻ったあと、彼らの子供・婦人、そして彼らの船舶で運べる限りの財産のすべてを積み込んだ。それから彼らはコルシカ島を離れると、レギオンの方角を目指して行った。フォカイア人はエレア（ウェリア）を建設するためレギオンを出発した。カエレ（ギリシア語でアギュラ）のエトルリア人に捕まえられた人びとは、石で打ち殺された（カエレがデルフォイに宝物庫を奉納したのはこの犯罪を償うためであった）。アラリアの敗戦は、前五四〇年頃であったとされる。

確かにフォカイア人の海賊行為は、フェニキア人とエトルリア人の通商にとって重大な脅威となった。とりわけカルタゴ人やエトルリア人にとってはなおさらそうであった。カルタゴ人は――二、三の著作家によると――、すでにサルデーニャ島の主人に納まっていた（アラリアの会戦は「サルデーニャ海」において起こったとされる)。またカエレのエトルリア人は、ガリアとのあいだで、そしておそらくスペインとのあいだで営む彼らの交易が新来のフォカイア人によってのみならず、マルセイユのフォカイア人の活動によっても妨害されたと見なしただろう。それは正当な見方であった。このような経済的種類の敵対行為は、おそらくアラリアの会戦を生む原因だっただろう。「ヒーメラの戦いに遡ること半世紀前の最初の大規模な闘争」と考えられる。(1)

(1) 参考文献【5】中のM・グラースの論文、二三一頁参照。

このM・グラースの主張はまだ仮説の域を出ないが、マルセイユもまたこの闘争に加わったであろう。古代の著作家からの別の六つの文章――グラースは三つの組に分類し、どの組の文章もすべてフォカイア人、マルセイユ人、そしてフェニキア人の違った伝承を反映すると主張する――は、そのことを仄めかしている。彼の見解は何人かの著者によって受け入れられ、別の著者によっては批判されていて、何の疑いもなく承認されたとは言えない。しかし、集められた典拠から、少なくとも前六世紀なかば以降の西地中海を舞台に起こったカルタゴ人とフォカイア人――コルシカ島のにせよ、マルセイユのにせよ――とのあいだの経済な敵対行為の舞台となっていたことが明らかであった。

二、三の著作家によると、アラリアの会戦は、カルタゴ人とフォカイア人のすべてにいったん勢力範囲をはっきり画定させただろう。そのことが考古学によって確実に証明されるわけではないが。マルクスは確かにアラリアの会戦時に軍隊を指揮して戦った最高司令官にちがいない、とされたが、そのような身元確認は到底証明できない。マーゴーと彼の息子たちは、アラリアの会戦後、サルデーニャ島の支配者に納まったといわれる。しかしすでに見たとおり、「サルデーニャ海」の会戦の推移からして、カルタゴがそのときサルデーニャ島を支配していたと想定してもよいように思われる。

依然として前六世紀に起こったいくつかのエピソードのうち、カルタゴ人をその領土の外で巻き込んだエピソードの一つとしては、ドリエウスの冒険行が思い起こされなければならない（ヘロドトス『歴史』V、三九～四八。ディオドロス『歴史書集成』Ⅳ、二三、三。パウサニアス『ギリシア案内記』Ⅲ、一六、四～五。ユスティヌスXIX、一、九にもある暗示がある）。スパルタ王アナクサンドリデスの息子、ドリエウスは、王位に達する見込みがないと見るや、前五二〇年頃にアフリカの両シュルト湾の海岸、キュニプス川（ウアディ・ガム）のほとりに植民市を建設するため、祖国を出奔した。当時テュロスの植民市レプティス・マグナ（はじめはレプキと呼ばれた）は、すでに衰退の時代に入っていた。アフリカに植民団を送るこの企ては、シチリア島への覇権がそれに続くが、ドリエウスの発意などではなく、スパルタ国家によって決定された正式の企てであった。三年後、ドリエウスはカルタゴ人と彼らの同盟者、土着のマク族によってシチリア島を追い出された。そのとき彼は祖国スパルタへ帰ったと言われ、そしてデルフォイの神託を聴いたのち、改めてシチリア島へ出発したと言われる。彼はエリュクス近くに定着し、ヘラクレアと呼ばれた植民市を建設した。このヘラクレアを少数の生存者を除いて破壊したのは、カルタゴ人ないしフェニキア人とセゲスタ人であった。

ドリエウスの敵は誰か、それを明らかにする、現存の史料に意見の一致は見られない。ヘロドトスはシチリア島のフェニキア人とセゲスタ人の名を挙げ、ディオドロスはカルタゴ人と言っている。すでにカルタゴ人はアフリカに介入していただろうが、はやくも両シュルト湾の地域に強い関心を示していたにちがいない。シチリア島に関するかぎり、この問題は依然としてもっと不確かである。

この幕間劇の少しあと、カルタゴはローマとのあいだで最初の同盟条約に調印した（前五〇九年）。それはローマに共和政体が到来したときであった。フェニキア人の、そして紛れもなくカルタゴ人の存在が中部イタリアのピュルジ、すなわち大都市カエレの外港において示されているが、それは〔最初の〕ローマとの条約と同じ時代である。一九六四年、神殿Bと呼ばれた神域の発掘中に三枚の黄金の板――その年代は前五〇〇年前後とされる――が発掘され、エトルリア語とフェニキア語の二つが彫られていた。そのうち二枚のエトルリア語本文は、女神ウニへ、フェニキア語本文はアスタルテへの奉納からなっていて、奉納はその町ピュルジの首長テファニエ・ウェリアナス（あるいはウェリウナス）によって行なわれた仕事（神殿B自体か、あるいは礼拝堂の建設）を記念するものだった。ピュルジでのこの発見は、文献学的な貢献以外に、中部イタリアでカルタゴ人が果たした役割を具体的な方法で証明した。これと同じ枠組みにはまるものとして、カエレの別の外港、プニクムにも言及しなければならない。プニクム（現在のサンタ・セヴェラ）はその名前からして、カルタゴ人居住者の所在地であった可能性がある。

アフリカの都市カルタゴとエトルリア人との同盟条約は、アリストテレスが言及しているように（『政治学』Ⅲ、九、六～七）上で述べた黄金の板と同じ時代に結ばれた。両者の協商の、後世の考古学上の証拠としては象牙製のテッセラ・ホスピタリア〔一種の割り符〕がある。それはカルタゴのある墓で発見され、前六世紀と同定され、「私はカルタゴのポエニ人です」を意味するエトルリア語の碑文が示される。したがってこの死者は、エトルリアへ航海し、このテッセラによってその主人（ホスト）に本人と識別してもらうわけである。カルタゴとエトルリアとのさまざまな関係は、エトルリアのアンフォラやブッケロ陶器、エトルリア・コリントス式の陶器——すべて前七世紀のもので、かつて熱心に買い求められた——の破片がカルタゴ発掘中に明らかにされ、両者の関係は資料的に充分裏づけられる。

Ⅲ　ローマと結ばれた最初の条約

ローマとの最初の条約は、前五〇九年とされる。そしてこの条約の本文はポリュビオスによって報告された（『歴史』Ⅲ、二二）。彼は古風なラテン語からギリシア語に翻訳したと言っているが、この条約はカルタゴと中部イタリア（エトルリア人と非エトルリア人）の諸都市国家との協商の時代にぴったり納まり、フェニキア人の都市カルタゴの利害と勢力の拡大を示唆している。この条約が映しだす歴史の現実は、かつておおいに議論されたが、現在、正しいものとして受け入れられている。ポリュビオスの本文は、ローマ人と彼らの同盟者が「美しい岬」（ファリナ岬よりもボン岬のほうがありそうである。こんにちのラス・エル・メッキである）の彼方に航海することを禁じている。もしローマ人とその同盟者が強大な勢力によって無理矢理押し出されてカルタゴ領に入った場合でも五日以内に領内から離れなければならない。ローマ人とその同盟者がサルデーニャ島とアフリカにおいて通商する場合、カルタゴ人の先触れをもって、ないしは書記の面前で行なわれなければならない。ローマ人はカルタゴ人の支配に屈したシチリア島において、「その他の国民と同じ権利をもった」。

カルタゴはすでにこの時代に北アフリカの海岸でも重要な都市であったこと、サルデーニャ島はアフリカ領と同じ資格でカルタゴ市に依存したこと、一方、カルタゴに「帰属する」シチリア島西部はサルデーニャ島よりも独立していたことなどがこの条約からわかって、興味深い。

カルタゴ人のサルデーニャ島支配は、すでに指摘したもっと古い時代の破壊があった領域において、要塞の組織が構築された点に支配の事実が確認された。たとえばスルキスの植民市モンテ・シライがそのことを証言している。モンテ・シライは前六世紀の終わりにかけて発展を見た。同じ時代にアンタス（おそらく古代のメタラ）においてシド神に捧げられた聖域が建設されたが、それはカルタゴ人の発意の賜であったにちがいない。その聖域はのちのローマ時代にサドゥス・パテルに捧げられた神殿になる。

第三章　カルタゴの領土拡大

ギリシア人の歴史家ポリュビオスが報告したローマとの最初の条約から、「新しい都市」カルタゴがすでにアフリカを支配下においたことがわかるが、カルタゴがその巨大な領域をいかにして、つまりどのような形をとって支配することに成功したか、われわれには再構成する方法がない。つまりカルタゴの領域は、すでにフェニキア人が部分的に占領していた部分を含めて、現在のモロッコ、アルジェリア、チュニジア、リビア東部（トリポリターナ）、そして南スペイン、マルタ島、ゴッゾ島、パンテレリア島を含む巨大なものであった。

I　北アフリカ

すでに見たように、古代の著作家の何人かはリクススならびにウティカの建設について、はるか遠い昔のことだったと報告した。少なくともモロッコでは、前七世紀以来フェニキア人が存在したことが考古学によって立証されている。伝承によるとハドゥルメトゥム（現在のチュニジアのスース）は、フェニキア人――おそらくテュロスの人びと――が建設したらしい（ソリヌス、XXVII、九）。ピエール・サンタスが明らかにしたように、その遺跡は前七世紀まで遡るとしても、古代の定住地は最近の土地利用によって徐々に消し去られてしまった。現在のリビアにあるレプティス・マグナは、テュロスによって前七世紀に建設され（サルスティウス『ユグルタ戦記』LXXVIII、一によると、シドンによって）、そしで発掘もまたその年代を確認している。確かな情報がある場合は別として、はたしてカルタゴが北アフリカのフェニキア人都市に対し覇権を確立できたか、仮にできたとして、いつ、どのように行なわれたか、それをはっきりさせる方法はない。カルタゴは前六世紀以来、トリポリ地方――ギリシア人がエンポリア〔交易地〕と呼んだ――に関心をもったことは、ドリエウスの挿話によって立証される。

カルタゴ人の勢力圏とギリシア人の勢力圏との境界を大シュルトル湾――のちにローマの属州アフリカの東の境界となる――の奥に確定するのは、おそらくこの時代にまで遡る。[1] 両者の境界は「フィレネスの祭壇」ないし「フィレネの祭壇」と呼ばれた場所――偽スキュラクス（前四世紀）によって引用された――に位置し、ギリシア起源の伝説に結びつけられているが（キュレネ地方の真ん中か?）、とりわけローマの歴史家サルスティウス（『ユグルタ戦記』LXXIX）によって詳しく報告された。カルタゴとキュレネーはそれぞれの勢力の及ぶ境界を確定するために、頻繁に戦うことを避けて、カルタゴ市とキュレネー市から出発する各二人の衆にすぐれたランナーに任務を託したと言われる。カルタゴ人のランナーであるフィレネス兄弟（ギリシア名）は、キュレネーの代表が走ったよりももっと多くの距離を走破したと言われる。キュレネーの代表が抗議した結果、うしろに引き返すくらいならむしろ彼らがいる場所に生き埋めにされるほうがましだと言った。[2] そこで埋められた者たちを記念して彼らの名を取った祭壇が建立されたと言われる。

（1）参考文献【6】、一〇九頁参照。
（2）サルスティウスによるとうしろに引き返すかそれとも生き埋めにされるかどちらかを選べと言ったのはキュレネーの代表で、フィレネス兄弟は国のために生き埋めにされるほうを選んだ〔訳注〕。

この祭壇が正しくは何なのかも、その正確な場所もこんにち知られていない。地理学者ストラボンによると（『ギリシア・ローマ世界地誌』Ⅲ、五、五）、列柱かもしれないし、また境界石であったかもしれない。大プリニウス（『博物誌』Ⅴ、二八、二）は、それが砂で造られたらしいと言う。したがってそれは記念碑ではなく自然にできた土地の起伏であったかもしれない。[1]

（1）参考文献【7】、二六九〜二七〇頁。【19】の三五一頁のルビュファ執筆の項参照。

いくつものエンポリオン〔交易地〕（サブラタ、オエア〔のちにトリポリになる〕、レプティス・マグナ）が点在した地域からモロッコに至るまで、北アフリカの海岸にはフェニキア人ないしカルタゴ人の存在を示す遺跡、同じく、フェニキア起源の地名が点々としてあった（とりわけ「頭」ないし岬を意味する rus- で始まるすべての地名、都市を意味する cart-=qart- で始まる地名）。これらの遺跡は碑文の記録類があるため、とりわけ注目され、M=H・ファンタールによって詳しく分析された。[1] 彼は前六世紀から前五世紀の時代に関して、カルタゴに直接結び付けられるものや、フェニキア人の古い文化遺産などを区別するのは難しいと立証した。実際に古いフェニキア文化は地に根を張っていたし、一部は地方住民の文化と混ざりあっていて、その土地その土地に特有の外観を呈し、いたる所で非常に早くからその地域に固有の特徴を示した。古代の著作家たちが「リビュア＝フェニキア人」と呼んだのは、フェニキア人と土着民の混合した住民であった。彼らの文化は、地方的な個性をさまざまに持ちながらも、かなりまとまった文化を特徴とした。

（1）参考文献【9】Ⅱ、七〜四三頁参照。

Ⅱ　スペイン

スペインのカルタゴ人についての記述史料は、イビサの建設についての短い注記をすでに引用したが、それ以外にも土着民によって攻撃されたガデスに味方して介入したことに言及している（ユスティヌス、XLIV、五、二）。ユスティヌスによると、カルタゴ人はイベリア半島の南部に居座るため、この軍事作戦を利用したと言われる。この介入の年代は一般に前六世紀とされるが、フォカイア人とマッシリア〔マルセイユ〕人の介入と多くの点で比較されるだろう。すなわち、フォカイア人との戦闘がしばしば起きたのはこの地域においてであった（アルテミシオン岬の戦いの位置をこの地域とするのはまったく疑問であるが）。アンダルシア海岸の町、マイナケーは、もしかしてフォカイア人の植民市だったかもしれないが、カルタゴ人によるその破壊は、数多くあった両者の敵対の一例であろう（しかしH・G・ニーマイヤーによると、マイナケーはトスカノスの実際の都市域であったと言われる）。サモス人コライオスのタルテッソスへの航海は、ヘロドトス（『歴史』Ⅳ、一五二）によって報告されたが、上述の戦闘を反映するものかもしれない。いわゆるタルテッソス（ユルヴァの地域にあった）の鉱山の採掘と結びついた地方文化の衰退は、カルタゴの介入と結びつけられるが、その鉱山の採掘は前六世紀に止んだと言われる。スペインは前三四八年にローマと結ばれた条約においてカルタゴの従属国と関連して引用されていないが（ポリュビオス『歴史』Ⅲ、二四、四）、イベリア半島の傭兵はすでにヒーメラの戦い（前四八〇年）との関連で有名になっていた。しかし、スペインの一部へと及んだカルタゴの真の支配は、バルカス家の時代、つまり前三世紀の第一次ポエニ戦争ののちに、ようやく実現したものであった。

Ⅲ　マルタ島、ゴッゾ島、パンテレリア島

フェニキア植民市がマルタ島に建設された最初の証拠は、前八世紀前半に遡る。ここで重要なのは多くの墓地である。いくつかの石碑は、前七世紀まで遡るラバト市の地域にトフェトが存在したことを立証する。それはヘラ＝アスタルテの聖域で、すでにプトレマイオスによって言及された。一方、タス・シルグにおいて進められた発掘によってヘラクレス＝ミルカルトの聖域と確認されたが、プトレマイオスによって言及されているものの、現場ではその聖域が確認されなかった。ゴッゾ島では聖域の証言は

もっと新しいものである（とりわけ史料で言及されるのは、前三世紀の一つのカルタゴ語碑文である）。パンテレリア島においては、前六世紀以後の断片的な証言や前三世紀の鋳貨――カルタゴ語で ʾyrnm の銘をもつ――が残っている。鋳貨の銘はこの島のフェニキア名を表わす Cossyra はギリシア名である。これらの島にカルタゴ人がいたことは、何人かの古代の著作家によって報じられるにすぎない。前四世紀の「偽スキュラクス」（メリテ、現マルタ島とガウロス、現ゴッゾ島とランパス、現ランペドゥーズ島の占拠を語る）、ビザンツのエティエンヌ（マルタ島の占拠）の二人である。マルタ島にフェニキア人がいた痕跡は、遅くとも前二世紀から前一世紀に至るまで確認される。

カルタゴはどのように支配したか、情報はきわめてわずかしかない。さまざまに異なる人びと（古い植民者、臣下、同盟者）がおり、地域も異なっていて、おそらくまた時代によっても違っていた。カルタゴはさまざまな民族や地域から貢租や税を受け取り、彼らに軍事的義務を課した。

カルタゴ人の領土――と便宜的にそう呼ぼう――に行き渡った政治的な組織もまたほとんど知られていない。古くはフェニキア人のものであったいろいろな中心地は、カルタゴの行政に類似した行政の型を示した。つまり政府の頂点に任期一年の名祖のスフェト（カルタゴの最高位の政務官）がいた。充分な地方自治があったことは、鋳貨によって立証される。鋳貨はカルタゴの権威が失われるまで発行されつづけた（しかし、シチリア島では前三世紀以降、カルタゴの優位を直接証言する貨幣の鋳造があった、と知られている）。

第四章　カルタゴ人の航海

　カルタゴは軍事作戦によって――記述史料がごく普通にそう呼んだ類のものであった――さきに言及したばかりの巨大な地域においてその影響力を拡大したのは確かであったが、また遠く隔たった領域に市場を開拓したり、いまだ孤立していた諸民族と協商関係を結ぶ目的で探検と航海を敢行して交換のネットワークの支配権を手に入れたのであった。そのようないくつかの航海は、原材料を手に入れるために企てられたことが、多数の物語からよく知られている。そのような物語の本文は、きわめて根拠薄弱であるが、そもそも根拠の薄弱さは、カルタゴ人の世界を述べた歴史にたえずついてまわっていて、いつもの例と言ってよいだろう。

　最も有名な偉業は「ハンノーの周航」の名で知られている航海である。それはギリシア語のハイデルベルク写本――後十世紀のもの――において語られているハンノーという名のカルタゴ人の航海の物語である。彼は「王」〔ギリシア語でバシレウス〕の称号を持ち、古代の著作家たちによってマーゴー家の一員とみなされた。彼は国の命を受けて「リビュア＝フェニキア人の都市を建設するために」ヘラクレスの柱〔ジブラルタル海峡〕を越えて航海した、と言われる。この航海を語る原初の本文は、カルタゴのクロノスの神殿に展示された、と言われる〔クロノスはフェニキア人の神バアル・ハンモンのギリシア名である〕。

現代の人びとは、この物語の基礎には現実のある航海を報告したフェニキア語の記録があったにちがいないと考える。ギリシア語の陳述に従うと、ハンノーはおそらくガデスから出発し、六〇隻の「長い船」〔戦艦〕の艦隊を一緒に伴っていた、その艦隊は三万人の男女および必要な食料の蓄えを積んでいた、と言われる。その本文は、次にこの航海の最初期に起こったいくつかの情勢の急変を植民市の建設とともに語る。ここまでの一行の旅程は、現在のモロッコの海岸に沿って進み、フェニキア人がすでに頻繁に訪れた定住地を再植民しつついったと、考えることで一般に意見は一致している。

この物語はそれからだんだんと風変わりになる。その結果、記述された場所の同定は、おおいに疑わしくなっている。すなわちハンノーとその一行の者たちは、セネガル、ギニア、カメルーンにたどり着き、現在のビアフラ湾にまで達したと考えられる。しかしいまのところ、この非常に長い旅程は、大部分の注釈家によってありそうにないと判断されている。(1) 物語的な描写に原因があるばかりでなく、また船が海岸に沿って帰途につくさいの不利な海流にも原因がある。そのうえ、モロッコの彼方にカルタゴ人がいた痕跡を明らかにする考古学的証拠はない。現存の写本が描くこの航海は、その大部分が伝説めいた性格をもつ、と結論しなければならない。しかしハンノーなる人物の実在は間違いないと思われる。すなわち、彼は大プリニウスによってカルタゴがおおいに繁栄していたときに航海を達成したと語られている〔『博物誌』II、一六九とV、八〕。この示唆から彼はある人びとによって前七世紀から前六世紀にかけての、また別の人びとによって前五世紀の人とされる〔現存するギリシア語の本文は、前四世紀まで遡らせている)。

(1) 参考文献【7】ドゥサンジュと、【8】ルビュファの論文参照。

別のもう一人のカルタゴ人ヒミルコーは、ある企ての主人公で、彼の航海については、いくつかの文章があり、その一つは後四世紀にアヴィエヌスが地理を詩に詠んだ書(『海の岸辺』、一一七~一二九、三八〇~三八九、四一二~四一五)において引用されている。ヒミルコーは、大プリニウスによっても言及されている(『博物誌』I、五)。彼の航海は年代もその旅程もはっきりしない。また彼の生きた年代は、便宜的に前五世紀と定められるにすぎない。彼が航海した方向は、北方ないし北西方面であって、その目的は錫を手に入れることであったにちがいない。ヒミルコーは四カ月のあいだ航海し、オイストリュムニドゥと呼ばれる諸島に達したが、おそらくイベリア半島の北西に到達した、と考えられている(1)。

(1) 参考文献【8】ルビュファの論文参照。

第五章　シチリア島のカルタゴ人

I　ヒーメラの戦い（前四八〇年）からアガトクレスのカルタゴ遠征（前三一六〜前三一五年）まで

古代の史料によると、前六世紀のカルタゴは地中海の重要な一強国になったと思われる。だからといってこの強国がどのように構成されたか、またその権力がいかに行使されたか、そのようなことがらについて、ほとんど何も知られていない。カルタゴの行動をより具体的に――しかもまたもや悪意に満ちた証人によって――理解することが可能になるのは、ようやく前五世紀初め以後、カルタゴが採った対シチリア島政策のなかでしかない。

この時代にシチリア島のギリシア諸都市は、その領土を拡大しようとする野心的な僭主によって統治されていた。これら僭主の利害は、カルタゴ人とその同盟国――とりわけエリュマイ人――の利害としばしば衝突することになった。両者の衝突はまず始めに前四九〇年以来、ゲロンとのあいだに、ついで前四一〇年から前三六七年にかけて、ディオニュシオス一世とのあいだに生じた。前三四五年から前三三九年にかけて、カルタゴの敵はおもにコリントス人ティモレオンであった。彼はシュラクサイの招聘を受けてはるばるギリシアからやって来た。前三二〇年以後、シュラクサイの僭主に納まっていたアガトクレスは、戦争をアフリカに持ち込んだ。前二七八年から前二七五年のあいだの際だった特徴は、ピュロスがシチリア島とイタリアに居座ったことである。彼はエピロス王でありながら、カルタゴの宿敵シュラクサイから援助を要請されてやって来たもう一人のギリシア人であった。

前四九一年、ディオメデスの息子ゲロンはゲラにおいて権力を掌握したが、早くもこの時代にセゲスタおよびカルタゴ人に対して戦ったと思われる。前四八五年、彼はシュラクサイにおいて僭主になるや、シュラクサイによって建設されたアグリゲントゥムの僭主テロンと同盟を結び、テロンは前四八三年にヒーメラを奪い、カルタゴの同盟者テリッロスをそこから追い出した。カルタゴは、テリッロスと同盟者たち、およびその婿、レギオンのアナクシラスを味方につけて、シチリア島の西部においてその勢力圏を防衛する目的で介入した。この闘争の最も完全な歴史は、ディオドロスによって語られているが（『歴史書集成』XI、二〇〜二六）、その典拠はおそらくティマイオスである。ヘロドトス（『歴史』VII、一六五〜一六七）の語るギリシアの情勢により近い証言も、そしてまた彼以外の多くの著作家、とりわけピンダロスの『オリンピア賛歌』に見られた暗示もわれわれの手元に残されている。[1]カルタゴはその軍隊を招集するため三年もの長い年月を要したらしい。すなわちヘロドトスによると、カルタゴ軍は「フェニキア人、リビュア人、イベリア人、リグリア人、エリュシケス人（ガリア人の部族）から構成され」、その軍隊の最高司令官に任命されたのは「カルタゴ人の王」ハンノーの息子、ハミルカルであった。彼は二〇〇隻の戦艦と三〇〇〇隻の輸送船から成る艦隊を自由に操った。カルタゴ軍は、三〇万人を数えたと言われるが、パレルモへ上陸し、ヒーメラの西にその陣営を定めることになった。そこで前四八〇年、ハミルカルは恐ろしい敗北を喫したのち、はっきりしない状況のなかで死んだ。ヘロドトスによると、彼は犠牲を捧げていたとき、薪の山に飛び込み、炎のなかに消えたという。

（1）ピンダロス『オリンピア賛歌』I、一三七〜一五六頁と参考文献【10】、二六一〜三二六頁。

古代の多くの著作家は、この戦いをサラミスの戦い（同じく前四八〇年に起こった）と平行して起きたとし、ペルシア戦争と同様に、ギリシア人のバルバロイに対する勝利の象徴と称揚している。たとえシュラクサイの人びとがバルバロイに勝ったと頭から信じたとしても、実はギリシアにおけるペルシア人との戦争とシチリア島のカルタゴとの戦いとのあいだにいくつもの接点があると言われてみると、遠く離れて起こった二つの戦争が完全に独立して行なわれたのではなかったにちがいないと考えさせてしまったのである。

現代の二、三の著作家によると、ヒーメラの敗北は、カルタゴの帝国主義政策の敗北をはっきり印象づけ、いくつもの重大な結果をもたらしただろうから、前五世紀のカルタゴは後退と衰弱の時代を迎えた、と考えられた。しかし歴史と考古学の両方から深く掘り下げた研究は、ヒーメラの戦いの実際の結果から見ても、またギリシア人の対バルバロイ戦という戦争観から見ても、そのような判断を修正している。ヒーメラ戦は、シュラクサイの勝利で幕を閉じた一つのエピソードであった。そしてカルタゴは和平条約の調印にこぎつけたけれども、その和平は長く続かなかった。そしてシチリア島のこの戦争は、カルタゴの領土に対する伝統的な影響力を維持したことはまったく明白であった。シチリア島のこの戦争は、カルタゴの内政にとくに重大な結果をもたらしたとは思われない。カルタゴ市はその対外的な諸関係を保ち、繁栄を続けたように思われる。

敗者の側の歴史解釈だけが知られているにすぎないけれども、ヒーメラの戦いはシュラクサイにとって大きな危険となったことはまちがいない。すなわち、ギリシア語の著作家たちはそのことをきわめて敏感に思い起こしたほどである。ピンダロス以外に、アイスキュロスとシモニデスがそのことを仄めかした。ゲロンはヒーメラ戦に勝利したのち、奉納品をデルフォイとオリンピアに献上したが、前者への奉納品の基部に自分の名を残している。

ヒーメラの敗北後のカルタゴの政治史について、現在知られているものには数十年の中断がある。シチリア島の情報が再び手に入るのは、ディオドロスからである。シチリア島に介入する好機をもたらしたのは、カルタゴの同盟国セゲスタ人の提訴であった。セゲスタの領土がセリーヌスによって攻撃されたのである。カルタゴは軍を派遣したが、その軍隊は前四〇九年にハンニバル——ギスコー(彼は同じセリーヌスに亡命していた)の息子で、ヒーメラの敗将、ハミルカルの孫であった——の指揮下に、モテュアに上陸した。セリーヌスは攻囲され、瞬く間に略奪され、カルタゴ人の支配下に入った。セリーヌスにカルタゴ人がいたという考古学の痕跡は、非常に明白である(発掘はとりわけD・メルテンスの指揮によるドイツの調査隊によって行なわれた)。ついでハンニバルは、ヒーメラまで進軍し、ヒーメラは占領され、破壊された。ディオドロスは、ハンニバルが彼の祖父の敗北に対する復讐をし、カルタゴは敗者に対する残虐行為を行なった、と主張した(『歴史書集成』XIII、六一〜六二)。

セリーヌスの征服後、戦闘は毎年のように続けられた。ハンニバルは攻囲されたアグリゲントゥムの前面で負傷したが、アグリゲントゥムは前四〇五年に降伏し、将軍ヒミルコーに降伏した。ヒミルコーはゲラを瞬く間に破壊した。ついに前四〇五年、当時ディオニュシオス一世（大ディオニュシオス）によって支配されたシュラクサイ攻撃を前に和平条約が調印された。しかしディオニュシオス一世の野心によって戦争は再開された。彼はメッシナと同盟し、その領土を西に向かって拡大し、ついに前三九八年にモテュアを攻囲したが、モテュアは前三九七年に征服され、略奪されたのち、その住民はリリバエウムに移された（イタリア人の発掘の結果は、破壊後も生活の連続を示している）。カルタゴはただちに反応し、ヒミルコーのパレルモ上陸、シチリア島西部の再征服、メッシナの破壊、シュラクサイの攻囲と続いた。ディオドロスによると、前三九六年に、カルタゴ軍は、シュラクサイの市外にあったデメテルとコレーの神殿を略奪した。その結果、疫病がカルタゴ人の陣営に猛威を振るったと言われる。そのときディオニュシオスは「攻勢に転じたので、ヒミルコーはその軍隊と艦隊が破壊され、それからアフリカに帰還を果たしたが、しかしながらそこで彼は自殺した」（ディオドロス『歴史書集成』XIV、五四〜七六）。まさにこのときカルタゴ人は、デメテルとコレーの神殿に対して加えられた神聖冒瀆を償うために、この二柱の神の祭祀を公式にカルタゴへ招来したのであった。

前三九三年にマーゴーは、シチリア島に上陸し、ディオニュシオスに対する戦闘を続けた。敗北、和平、新しい対決ののちに、マーゴーは前三八三年に命を落とした。この前に、ディオニュシオスは南イタリアへ、アドリア海の地域へ、そしてエトルリアまでその権力を拡大した。そのうえ、彼はシチリア島西部のカルタゴ同盟国の一部をカルタゴから離反させることに成功した。このような彼の拡大政策は、前三八二年と前三七四年、ないし前三七三年のあいだに新しい戦争を引き起こした。クロニオン（パノルモス付近か?）におけるカルタゴ人の勝利後、和平条約が調印されたが、戦争は前三六八年に再開した。ついにディオニュシオスが、前三六七年に死ぬと、カルタゴ人をシチリア島から駆逐することはかなわなくなった。彼の息子で後継者のディオニュシオス二世（小ディオニュシオス）の支配下の状況はほとんど明らかでないが、カルタゴはその支配をシチリア島北部方面へ拡大したと思われる。

数年の平和ののち、コリントスのティモレオンのシチリア島干渉の結果、反カルタゴ闘争が再開された。彼は歴代の僭主に反対する党派からの招請を受けて、前三四四／三四三年にシュラクサイにおいて権力を掌握し、民主政的な体制を確立した。彼はカルタゴ人の領土を犠牲にしたこの拡大政策をみずから再開した。シュラクサイ軍とカルタゴ軍は、セゲスタ付近のクリミソス川において会戦した（現在のベリチェ川の左岸か?）。そしてカルタゴ人はそこで重大な敗北を被った。しかしギスコーの指揮下に、元気を取り戻すことに成功し、前三三九年頃、和平条約に調印した。この条約は、カルタゴ人の手にシチリア島西部における主権を残すことになった。この和平条約が前三一六／三一五年までに失効すると、その年にシュラクサイで僭主になったアガトクレスが戦争を再開した。

Ⅱ　アガトクレスのアフリカ侵攻（前三一六／三一五年）からピュロスのイタリア侵攻（前三一五～前二七六年）まで

前四世紀の最後の数十年は、カルタゴにとってとりわけ困難な時期であった。カルタゴは、国内の不和、アフリカ人の反乱、シチリア島の戦争に直面したほか、戦争をアフリカにおいて、つまりみずからの領土でも続けなければならなかった。

アガトクレス——彼はイタリアのカラブリア地方のレギオンの出身ながら、生まれはシチリア島のカルタゴ主権下の領土、テルマエであった——は、前三一六／三一五年にシチリア島で首尾よくシュラクサイの僭主に納まった。軍隊と艦隊を再編し、シクリー人とギリシア人の小都市をよく従え、ついに古い同盟国カルタゴの領内に攻撃を仕掛けた。カルタゴはこの僭主によって征服されたギリシア人諸都市からの避難民や土着民によって攻撃されるが、艦隊を武装し、シュラクサイ港を封鎖した。アガトクレスはシュラクサイ港に攻囲されたと知るや、アフリカの地で戦う決心をした。カルタゴの領土でカルタゴと戦うことなど、誰一人として考えもしなかった。遭遇戦は二つの前線において開始された。シチリア島において、またアフリカにおいて、この軍事作戦は三年間（前三一〇～前三〇七年）続いたが、戦争の主要部分はディオドロス（『歴史書集成』XX、六～一八、三〇、三三～三四、三八～四四、五四～五五、五七～

六一、六四～七〇。ディオドロスの典拠は大部分が前三世紀初め頃のサモスのドゥーリスであった、と思われる）と、ユスティヌス（XXII、五～八。つねにティマイオスから派生している）である。ユスティヌスは、のちにオロシウスによって採録された。アガトクレスは、ボン岬（「美しい岬」）の南西のエル・バウアリアの石切り場に上陸した。そこで彼が艦隊を焼き払ったのは、その軍隊の退路を絶つためであった。彼はメガレーポリスと呼ばれた町のほうへ向かって軍を進め、庭園、果樹園、さまざまな種類の家畜が群れる平原地帯を横切っていった。ディオドロスのこの叙述は、依然としてその当時のカルタゴ農業の豊かさを最も精細に証言している。しかし美しいイメージにすぐ続くのは、困難な戦争の叙述である。最初の局面のあいだ、アガトクレスはカルタゴに勝ったと思われた。すなわち、チュニジアの巨大な領土を征服することに成功した。まず手始めに、ネアポリス（現ナビュール）とハドゥルメトゥム（現スース）を征服し、その後、ウティカとビゼルト（現ヒップー・アクラ）も征服した。そこで彼はいくつかの重要な仕事をなしとげたのち、シチリア島に戻る。この瞬間にアフリカにおける状況は変わった。その訳はカルタゴが、とりわけ三個軍団を派遣してイニシアティヴを握ったからであった。こうして敵の軍隊を分断した。軍事作戦には紆余曲折があったが、カルタゴ人ヒミルコーは重要な勝利をおさめた。その勝利のためアガトクレスはついにシュラクサイへ撤退を余儀なくされた。シュラクサイではカルタゴ艦隊がすでに敗北していて、アフリカに戻らざるをえなかった。しかし、彼は結局戦況を立て直せず、そのうえ同盟者のリビュア人に見限られてしまい、密かにシュラクサイに戻った。彼はアフリカに残してきた自分の軍隊と幼い子供を見捨てさえした。ここでカルタゴ人とある協定が結ばれた。その条約によってギリシア都市は三〇〇タラントの銀貨を受け取って征服された都市の地位に甘んじなければならず、傭兵たちは同額を給料として受け取ってカルタゴ人のもとで従軍することを許される。それ以外のものたちは、シチリア島のソロエイスに輸送された。

そのあいだにシチリア島においては、シュラクサイに民主政的な政府が根を下ろした。そのときアガトクレスは、カルタゴ人と協定を結び、シチリア島のカルタゴ支配下にあった征服諸都市をわがものとした。カルタゴ人は交換として彼にある金額を支払い、一定の量の小麦（二〇万メディムノイ、つまり約一〇五〇〇ヘクトリットルの小麦）を支払った。僭主アガトクレスは、シチリア島東部の主人になったのち、前二八九年に死んだ。

彼の死は再びシチリア島のギリシア人のあいだに不和を生む結果になった。そしてカルタゴ人はこの事態をシチリア全島奪取の好機として利用しようとし、手始めにアイオリス諸島のリパラ島を征服した。それはメッシナ海峡を支配しようとする目的からである。前二七八年、メッシナは僭主ヒエロンの支配下にあったが、マメルティニ人、つまりアガトクレスのもとで働いたオスキ人のあの傭兵隊は、このギリシア都市を奪取するばかりであった。一方、ギリシア人はカルタゴに対抗してエピロス王ピュロスの介入を要請した。彼はローマ人に対抗してタレントゥムを防衛するために呼ばれていたが、アレクサンドロス大王の再来を自任し、ローマと同じくカルタゴを打ち負かすという野心的な目的を持っていた。このエピロス王は、シチリア島の東海岸に上陸し、シュラクサイ入城を果たした。彼はたちまちカルタゴ支配下にあったシチリア島をリリバエウムを除いて、すべて征服した。カルタゴは彼にシチリア全島の征服を断念するよう提案した。しかしピュロスはそれを拒否し、リリバエウムを攻囲したが、その町を征服はできなかった。ついに彼はイタリアに呼び戻され、前二七六年にシチリア島から完全に撤退し、二度と再び戻ることはなかった。カルタゴはシチリア島の所有地を取り戻し、その領土を拡大さえした。アグリゲントゥムはカルタゴの保護下に入った。アグリゲントゥムはメッシナ奪取の機会を絶えずうかがっていた。

第六章　カルタゴとローマ

Ⅰ　前三四八年の条約からピュロスまで

前三世紀の第二・四半世紀〔前二七六〜前二五〇年〕において、ローマはすでにラティウムの女王となり、ピュロスに煩わされることもなくなり、はやシチリア島に関心を寄せる好機到来と見ていた。かくしてかつての同盟国カルタゴの好敵手となるのであった。

ポリュビオスによると、前五〇九年に最初の条約が結ばれたのち、新しい条約は、前三四八年に締結された。ローマ人は最初の条約で定められていたように、「美しい岬」（ボン岬）を超えて航海することはできなかった。そのうえローマ人は、「マスティアとタルセオンを結ぶ地域」――たぶんスペイン南部地域だろう――と通商をしてはならなかった。それこそカルタゴ人の勢力が、地中海の南西部にしっかりと確立していたことを示す条項である。ローマ人がサルデーニャ島とアフリカに近づくことは完全に禁じられていた（ローマ人がより大きな勢力に押されてそれらの地域に上陸したとしても、五日以内に立ち去らねばならない）。逆にローマ人は、カルタゴ自身およびカルタゴ人のシチリア島とは通商することができた。もしカルタゴのほうでまだローマに屈服していないラティウムの主要都市を征服することができたとすると、カルタゴは戦利品を手元に置いておくことはできるが、征服した都市をローマに引き渡さなければならない。すなわち、この事実からローマは依然としてラティウムの完全な支配者ではなく、その関心は首尾よくラティウムを奪取することであったと見られる。その他のいくつかの条項は、相互の同盟国との通商に関係するもので、最初の条約との関連で言うと、全体としてローマはカルタゴよりもいっそう弱体であったと思われる。(1)

(1) 参考文献【11】、一四九〜一五五頁参照。

前三四八年の条約は、前三三八年になって更新されたと思われる。最後にティトゥス・リウィウスは、前三〇六年に新しい協商が結ばれたと仄めかしている。最後の協定は前二七八年に、ピュロスがイタリアにおいて戦争を企てたときに調印されたが、条約が及ぼす影響力はきわめて限定的であった。

ローマが南イタリアに勢力を拡大していたあいだに、カルタゴとヒエロン二世支配下のシュラクサイは、とくにメッシナに対して影響力を振るおうとシチリア島で対峙した。すなわち、マメルティニ人は、メッシナに守備隊を派遣したカルタゴに援助を要請した。しかし前二六四年、彼らはローマ人に援助を訴えたが、その理由は依然としてよくわからない。こうして戦争の原因についてはまだ論争が続いているが、「第一次ポエニ戦」とも、また第一回ローマ＝カルタゴ戦争とも呼ばれる戦争が始まった。この戦争は二〇年以上も続いた。

Ⅱ　第一次ポエニ戦争（前二六四〜前二四一年）

(1) シチリア島での初期の戦闘

これから述べる長期の、恐ろしい戦争は、とくにポリュビオスの著作によって詳しく語られているが、ひときわ目立った事件はほとんど報告されていない。ローマ人がマメルティニ人の訴えに積極的に応じたのは、それ以後帝国主義的になったローマの政策にとってシチリア島は最も直接に目に見える地域であったからか、あるいは（これはポリュビオスが示唆していることであるが）カルタゴ人の権力がイタリアに拡大するのを恐れたからだろう。ローマ人はメッシナへ執政官アッピウス・クラウディウス・カウデックスを派遣したが、彼はただちにヒエロン二世と同盟関係を結んだ。カルタゴ人は二個軍団を召集し、一つはハンニバル指揮下でアグリゲントゥムに、もう一つはハンノーの指揮下でリリバエウムに配置した。アグリゲントゥムは、前二六二年に長い攻囲ののちに征服された。その結果、シチリア島の多数の都市がローマ側の味方についた。カルタゴ人は海上において戦いを有利に進めた。一方、ローマは本質的に陸上の強国であったけれども、前二六〇年に一〇〇隻の五段櫂船と二〇隻の三段櫂船からなる艦隊の艤装を首尾よく行なう。ポリュビオスはローマ人がカルタゴ人から拿捕した艦船を模倣することに成功したがゆえに、艦隊の建造が可能になった、という話を語っている（『歴史』Ⅰ、二〇）。執政官ガイウス・ドゥイリウスはミュライ（ミラッツオ）沖において重要な勝利をおさめたが、それは「衝角」つまり船の舳先に置かれていた道具のおかげであった。その衝角は敵の船を引っかけ、そして敵の船に横づけする衝角の戦術をとらせることを可能にした。

（2）アフリカでの戦争

このようにローマは初戦に数々の勝利を得たにもかかわらず、シチリア島において決定的な勝利をおさめることはできなかった。そのときローマ人はかつてアガトクレスが敢行したように戦争をアフリカにもってゆこうと決めた。前二五六年、二人の執政官マンリウス・ウールソーとアティリウス・レグルスは二人を阻止しようとするカルタゴ人の努力をものともせず、シチリア島から出発してクリュペア（ケリビア）に艦隊の兵を上陸させることに成功した。その地方に陣営を築いたのち、ローマ軍は付近を荒らしまわった。このとき、現在、ケルクアーヌと呼ばれているボン岬沿いの都市を破壊した。執政官マンリウスはイタリアに帰還するが、もう一人の執政官アティリウス・レグルスはアフリカに留まって和平交渉を進めようと試みた。彼の出した条件は、カルタゴにとってとうてい受け入れがたいことが明らかになる。とりわけローマ人はカルタゴにシチリアとサルデーニャの両島の放棄を強く求める。したがってカルタゴは彼らの努力を倍加して、スパルタ人クサンティッポス指揮下のギリシア人傭兵軍を徴募した。カルタゴはクサンティッポスの助言に従ってローマ軍を打ち破ることに成功し、執政官自身を捕虜にした。ポリュビオスは彼の運命について何一つ語っていないが、多数のローマの著作家は、レグルスが和平の達成を試みてローマに帰ると、元老院には戦争の続行を強く勧めた、と語る。それから彼は約束どおりアフリカへ帰るが、そこで残虐なやり方で死に至らしめられた、と言われる。

陸上でのこの失敗に続いたのは、前二五四年、カマリナ沖でローマ艦隊が嵐によって破壊されたことである。前二五三年、新しい艦隊が二人の執政官、グナエウス・セルウィリウスとガイウス・センプロニウスに率いられたが、それもまた破壊された。そこでローマ人はあらたにアフリカにおいて戦うのをやめると、カルタゴはアルジェリアのテウェスト（テベッサ）を征服して、アフリカ領において拡大政策を再開した（前二四七年）。

（3）シチリア島での戦争

そのあいだにシチリア島においてカルタゴ人はパレルモを失ったが（前二五四年）、リリバエウムは保持した。ローマ人はおおいに頑張ったにもかかわらず、リリバエウムはローマ軍の攻囲に抵抗を続けた。前二四七年、ハミルカル・バルカはシチリア島に上陸した（バルカはたぶん「稲妻」を意味する渾名で、ハミルカルのすべての子孫がその名を持ったので、「バルカ家」と呼ばれた）。彼は前二四一年まで宿敵ローマに抵抗して一歩も譲らず、エリュクス市のアクロポリスにどっかと腰を据えた。この町はエリュマエ人の原初の中心地で、アスタルテ神の名だたる本拠があったところである。

ポリュビオスに従うと、この戦争の開始より二十数年後、ローマは七〇〇隻以上の艦船を失い（カルタゴは四〇〇隻を失った）、新しい艦隊を整備するために私人の拠出金に頼らねばならないほど疲れきっていた。こうして建造された新しい艦隊は、執政官ルタティウス・カトゥルスの指揮下に置かれた。前二四一年、アエガテス諸島沖の海上で両軍の衝突が起こり、カルタゴの大敗北に終わった。和平交渉の任はカトゥルスに授けられ、交渉の結果、カルタゴはシチリア島とアイオリス諸島を放棄し、エウボイアの金貨で一〇〇〇タラントをただちに支払い、二二〇〇タラントを一〇年年賦で支払うことになったが、軍の行動の自由と武装の保持を取り付けた。

Ⅲ　傭兵戦争（前二四一〜前二三八年）

カルタゴは財政的に重大な試練に立たされ、戦略的に重要な位置にあったその領土の一部を失ってしまい、すぐにシチリア島からの傭兵軍――ポリュビオスによると二万人であった――の帰還の問題に立ち向かわねばならなかった。リリバエウムの指揮の任にあった将軍ギスコーは、傭兵軍を小さなグループごとに分けて帰還させたが、それはカルタゴ政府が少しずつ彼らに給料が支払えるように、そして故郷へ送り返すことができるようにするためであった。しかしカルタゴの元老院は、まず初めに彼らをカルタゴに、その後にシッカに集合させ、給料の総額を協定で決めるため反乱軍との交渉を試みたが、傭兵隊の一斉蜂起と三年間続く凄惨な戦争という結果になった。この戦争はフロベール『サランボオ』によって有名になった。主要な中心人物は、カンパニア人スペンディオスとリビュア人マトーであった。

反徒の最大多数派は、リビュア系起源の人びと、つまりカルタゴの臣下のアフリカ人であった。そのためこの闘争は内乱の様相を呈した。[1] 前二三八年、反徒に対して決然と戦って成功したのが、ハミルカル・バルカであった。ポリュビオス（『歴史』Ⅰ、八五、七）によると、彼は反徒を「スシエ」と呼ばれる隘路におびき寄せた。同時に傭兵の一部隊は、サルデーニャ島において反乱を起こし、土着民と対峙したのち、ローマに助けを求めた。前二三八／二三七年、カルタゴの弱体化を利用してローマ元老院は戦争で脅して、執政官センプロニウス・グラックスの指揮下にサルデーニャ島と同様にコルシカ島もカルタゴから奪った。

（1）参考文献【11】、二五二〜二六九頁、【6】、三九〇〜三九四頁参照。

Ⅳ　スペインのバルカ家

サルデーニャ島とコルシカ島の領土を失ったのち、カルタゴはスペインに関心を向けた。スペインこそフェニキア人の古い植民活動の本拠地であった。そもそもスペインでの活動の目的は、明らかにカルタゴに金属資源をもたらすことであり、また戦争賠償金の支払いに敢然と立ち向かうためであった。このアフリカの都市はまたローマの利害から遠く隔たった、国外の陸上基地を必要とした。

スペイン領の征服は今度もハミルカル・バルカの仕事であった。彼は婿のアスドゥルバルと息子のハンニバルを一緒に伴っていった。ハンニバルはまだほんの子供で、ポリュビオスによると、けっしてローマ国民の友にはならないと誓った。ハミルカルの軍隊はガデスに向かった。彼はこの町を基地にカルタゴ人の利益になるようかつてタルテッソスのものであった鉱山の開発を再び組織した。それはバルカ家の帝国（あるいは王国）と普通に言われている帝国が構成される始まりであった。なるほどスペインの領地において個人権力が鍛え上げられたにちがいない。つまりバルカ家はたぶんその家固有の肖像を持つ鋳貨を鋳造し、あたかもヘレニズムの君主を気取ったが、しかしバルカ家の仕事はつねにカルタゴ国家の支持を得ていた。

イベリア半島でのさまざまな活動は見事に成功した。前二二九年、ハミルカルが死ぬと、軍隊はアスドゥルバルを投票によって将軍に選んだ。投票はカルタゴによって批准された。カルタゴはその権力をスペインの南岸と西岸に沿ってアリカンテ（アクラ・レウケ。この町はディオドロスによると前二三一年にハミルカルによって建設された）まで拡大した。アスドゥルバルはこの町の少し南に新しいカルタゴ市、つまりカルタゴ・ノヴァを建設し、その町は彼の首都となる。彼は前二二六／二二五年にローマと条約を結ぶが、その条約によると、カルタゴ人は戦争目的で「イベル川」を超えないことになっていた。この「イベル川」は一般にエブロ川と同一視される。実際にローマはたえずケルト人によって脅かされていて、ケルト人と戦争にさいしカルタゴ人の中立を保証する保険を掛けようとした。他方で、アスドゥルバルはこの条約によってイベリア半島の大部分での行動の自由を得た。バルカ家の一員の彼は前二二一年に暗殺され、軍隊は、彼に代わって若きハンニバルを選んだ。彼は当時弱冠二十五歳であったが、この評決は再びカルタゴによって批准された。ハンニバルはエブロ川の南のほとんどすべての領域を急ぎ征服した。そのとき、戦争が突然に勃発した。すなわちエブロ川の南に位置するサグントゥム市がローマ人と同盟を結ぶと、ハンニバルは同市を攻囲し、前二一八年に征服した。それはカルタゴの同意を得た行動だった（ポリュビオス『歴史』Ⅲ 一五、八）。それから彼はエブロ川を渡った。こうしてローマとカルタゴのあいだに新しい戦争、すなわち第二次ポエニ戦争が始まった。

Ⅴ　第二次ポエニ戦争（前二一八〜前二〇一年）

この戦争はとりわけポリュビオスとリウィウスによって報告されたが、戦争の原因は非常に激しく論争されてきた。公式には、ローマはハンニバルのサグントゥム奪取とエブロ川渡河を理由に介入した。現実にはローマ人はすでにこのときにポー川の平野とイリュリアに対する要求を持っていて、たぶんカルタゴを追い払う好機を探していただろう。カルタゴはローマにとって西地中海の最後の敵だった。ローマ人は戦争がスペインだけでおさまるか、あるいはスペインとアフリカだけでおさまり、ローマ固有の領土にまで戦火がおよぶことはない、と考えたふしがある。(1) しかしハンニバルは、陸路を取ってイタリアでの戦争を全速力で可能にしたあの天才としか形容しえない計画を構想した。実際にカルタゴにはもはや強力な艦隊を武装しえる力がなかった。アフリカの首都カルタゴは、スペイン領のおかげもあって陸上の一大勢力にはなっていた。

（1）参考文献【11】、九三頁参照。

ハンニバルはカルタゴを出発する前に、ガリア人の諸部族との同盟を確保した。彼らは春にアルプス越えするのに可能な旅程の情報をハンニバルにもたらした（ポリュビオス『歴史』Ⅲ、三四）。スペインの統治は、弟アスドゥルバルの手に委ねられた。ハンニバルの軍隊は、歩兵九万人、騎兵一万二〇〇〇人と数えられ、前二一八年の夏の終わりにローヌ川を渡った。それから海岸に沿ってプロヴァンスとリグリアを通る道を選ぶべきか、それともアルプス山脈越えの内陸の旅程を選ぶか、決めなければならなかった。海岸沿いのルートは、すぐに排除された。そのルートを選ぶと、ローマの同盟国マルセイユを通過せざるをえないからである。すでにマルセイユにはコルネリウス・スキピオ（のちのスキピオ・アフリカヌスの父）指揮下にローマの二個軍団が上陸したばかりであった。そのほかにもそのルートをとった場合、カルタゴ人はリグリアの諸部族から攻撃される危険を冒すことになる。ハンニバルのアルプス越えの旅程は、まだ一部分が不明で、議論されているが、おそらく彼はイゼール川に沿って進み、真冬のアルプス山脈をグラピエ峠で超え、そこからトリノに到着したと思われる。その間にかなりの兵の損失を被った（ポリュビオス『歴史』Ⅲ、五五。リウィウス『ローマ建国以来の歴史』XXI、三六）。彼の軍隊はトリノを目前にして一万二〇〇〇のアフリカ兵、八〇〇〇のイベリア兵、六〇〇〇の騎兵であった。

ハンニバルがとった戦術は、迅速な行動と奇襲攻撃であった。それ以外に彼はつねにイタリアにおいても同盟国を得ようと努力した。まず第一に、ガリア・キスアルピナ（アルプスのこちら側のガリアの意）

の部族である。彼は初戦から成功をおさめていった。すなわち、ノヴァラ付近のティキヌス川の畔の戦いで彼の騎兵隊はスキピオの軍隊と初めて対峙するや、それを打ち破った（前二一八年）。同じ年、彼はポー川南岸のアエミリア州のトレビア川において、もう一人の執政官センプロニウス・ロングスの軍隊を罠に掛けて打ち負かした。

ついで翌年、前二一七年、ハンニバルは寒くて、湿気の多い気候のため兵士と軍象を多数失ったにもかかわらず、トラシメヌス湖の近くでローマ軍を打ち破った（リウィウス『ローマ建国以来の歴史』XXI、六）。カルタゴ軍は、カンパニア地方でひとときを過ごしたのち、アプリア地方に進み、そこで冬を越した。そのあいだにローマ人は、ファビウス・マクシムス・クンクタトル（クンクタトルは時間稼ぎをする人を意味する渾名）を独宰官に任命して陣容の立て直しに努めた。イタリアとスペインの双方において大量の兵士を動員した。

イベリア半島のローマ軍は、サグントゥムに腰を据え、カルタゴの指揮者ハンノーの動きを封じた。前二一六年の夏の始め、イタリアにおいてハンニバルはアウフィドゥス川（現在のプーリア州にある）の近くの町カンネーを奪取し、そこで九月二日、有名な戦いが繰り広げられた。この戦いを述べた史料は、ポリュビオスとリウィウス以外に、コルネリウス・ネポス、ウァレリウス・マクシムス、フロンティヌスなどがある。ハンニバルの戦術は繰り返し研究されてきた。敵ローマ軍にくらべはるかに少ない兵でありながらローマ軍の両翼を急襲し、騎兵隊でもって包囲した。ローマ軍の損害は甚大であった。執政官アエミリウス・パウルス自身も敵の両翼を急襲し、戦いのなかで命を失った。もう一人の執政官テレンティウス・ウァロは、ヴェノーザに命からがら逃れた（ポリュビオス『歴史』Ⅲ、一一六〜一一七）。

ローマはこの戦争に負けたと思われた。そして人びとはなぜハンニバルがこれら数々の勝利ののちに首都ローマを攻囲しなかったか、みずからに問いかけた。リウィウス（『ローマ建国以来の歴史』XXII、五八、三）によると、ハンニバルの目的はローマ市を滅ぼすことではなかった。つまり彼は自国民の「地位」（ラテン語でディグニタス）を維持すべく、そして「覇権」（ラテン語でインペリウム）を獲得すべく、ローマと戦ったのだった。[1] 彼は本国カルタゴにおいてみずからの威勢を取り戻す目的で、早期にローマと条約を結ぼうとした。彼にはこの目的があったから、捕虜のなかから選んだ一〇人を彼が信頼を置く男カルタロンをつけてローマに派遣した。彼は捕虜の解放を交渉し、和平の条件を示したにちがいない。ローマ元老院は捕虜の問題のみならず、あるいは起こりえる和平の問題も考慮するのを拒絶した。

(1) 参考文献【6】、四〇九〜四一〇頁参照。

ローマもまた組織しなおされた。前二一五年から小規模ながら戦闘は増えた。戦闘はイタリアばかりでなく、シチリア島やスペインにおいても繰り広げられた。それのみならずマケドニアがローマの敵として戦闘に加わった。ハンニバルは、マケドニア王フィリッポス五世と条約を結び、その結果、戦争はエーゲ海とバルカン半島にまで拡大した。ハンニバルはシチリア島・サルデーニャ島・コルシカ島をカルタゴの手に取り戻し、ローマをイタリアの領土だけの国に引き下げることを期待したにちがいない。しかし期待どおりにはゆかなかった。まもなく幾多の勝利がローマ人にもたらされた。前二一二年、シュラクサイにおいて、前二一〇年、アグリゲントゥムにおいて、前二〇九年、タレントゥムにおいて、ローマに勝利がもたらされた。アグリゲントゥムにおいて前二一〇年に、南イタリアならびにカンパニアのカプアにおいて、前二一一年に、タレントゥムにおいてローマは勝利した。前二〇九年、スペインにおいてコルネリウス・スキピオ──将来のアフリカヌス──が新カルタゴを征服した。その年、アスドゥルバル・バルカはピレネー山脈を越えてイタリアに入ったが、それは彼の軍隊とハンニバル軍を再び集結させようとする努力であった。しかし彼は前二〇七年にメタウルス川の畔において（リミニとアンコナのあいだで）二人の執政官ガイウス・クラウディウス・ネロとマルクス・リウィウスの軍隊によって粉砕された。フィリッポス五世との同盟はまたその義務が果たされなかった。すなわちマケドニア王は、前二〇五年、ローマと和平条約を結んだ。ハンニバルはイタリア半島の最南端に閉じこめられた。前二〇五年、彼の末弟マーゴーはカルタゴからの増援軍をハンニバルのもとに送り届けようと試みたが、無駄に終った。しかも前二〇四年、プブリウス・コルネリウスはアフリカに上陸した。ハンニバルはアフリカに戻らざるをえなくなり、ついに前二〇二年、現在のスィリナ平原のザマの戦いにおいて打ち負かされた。ハンニバルは弱体化した騎兵の援護のもとでカルタゴの領土ハドゥルメトゥムに退却することに成功するが、残りの軍隊は見捨てた。

前二〇一年に和平条約が結ばれたが、ローマの目的は、カルタゴをマシニッサの支配する隣国ヌミディア王国の、ある種監視下に置き、アフリカの一角に閉じこめることであった。

マシニッサはすでにローマ人の側に立って戦った。和平条約の諸条件によると、アフリカの都市カルタゴは、かつてマシニッサに属した土地以外のアフリカ領を保持する。カルタゴは、ローマの同意なくしてはいかなる戦争もしないと誓う。そしてカルタゴは、その軍事力、とりわけ軍象と戦艦隊を放棄する。すなわちカルタゴは、一〇隻以上の艦船を保持することはできず、他のすべての船は沖合で焼かれた。加えてカルタゴは、一万タラントの戦争賠償金を五〇年年賦で支払わなければならなかった。

ハンニバルはこの手痛い敗北にもかかわらずその権力を保持し、カルタゴが保有していた軍隊の長に依然として留まった。しかも彼は前一九六年、スフェト（カルタゴの最高位の政務官）にも選ばれた。国内における彼は仕事を精力的に進め、ある意味彼の仕事は「民主主義的」に運ばれた（一〇〇人評議会、本書一〇九〜一一〇頁参照）。また彼は大急ぎでカルタゴの財政を再建した。貴族色の濃い政治的党派は、彼に反対した。任期の終わり頃になって、この党派によって彼がシリア王アンティオコス三世――かのローマの敵――と何かよからぬことを企んでいる、とローマに告発された。そのときハンニバルはテュロスへ逃亡し、そこからシリアと小アジアへと逃がれた。彼は前一八三年か前一八二年に六十歳で自殺した。

VI　第三次ポエニ戦争（前一四九〜前一四六年）

ハンニバルはザマの戦いののち、カルタゴに再び平和をもたらそうと努力した。なぜならカルタゴはそれ自身が繁栄する都市であり、おそらくは少なくともアフリカにおいてその重要な地位を保持し、さらにその威勢をさらに増すことができると考えたからである。第三次ポエニ戦争が始まる前までに、カルタゴ市は富裕になっていた（カルタゴは大量の小麦と大麦とを供給できた）。すなわちカルタゴは、たった一〇年が経つか経たないうちに、戦争賠償金を前払いで完済すると提案さえした。しかしローマはそれを拒絶した。

考古学発掘の成果によると、前二世紀のカルタゴは、ビュルサの丘の南と南東の斜面において新しい居住区域を建設し、いっそう大きくなったことが明らかである。港、とりわけ軍港の改修は、この時期まで遡るように思われる。前二世紀、カルタゴの通商は豊かに実り、職人の活動、とりわけ陶器の分野で、充分な発展を見たと思われる。

しかしカルタゴは絶えずマシニッサの攻撃に晒されていた。ローマは前一九三年、前一八二年、そして前一七四年と三度も使節団を派遣して、重大な結果を生まないようカルタゴに自制と条約の遵守とを強く求めた。前一五三年、大カトーに率いられた新しい使節団がカルタゴに赴いた。彼はカルタゴ市の富裕ぶりとその再軍備とに強く印象づけられた。彼はこの滞在ののち、すべての弁論を次の文句でもって終えた、と言われる。「そのうえに私はカルタゴは滅ぼされるべきであると思う」（この挿話によって、大カトーはみずからカルタゴから持ち帰った新鮮なイチジクを元老院において披露し、カルタゴの存在がローマにとって大きな脅威となる証拠を示したと言われる）。カルタゴ市の絶滅を望むローマ元老院内の反カルタゴ派は、大カトーの忠告によって優位を占めることができた。そうこうするうち、前一五一年にカルタゴは賠償の義務として支払っていた最後の年賦金を払い終えた。戦端を開く口実はとうとう前一五〇年に転がり込んできた。カルタゴは、ヌミディア人に対して反撃に出たのだ。こうしてカルタゴは、前二〇一年に結んだ条約の一条項に違反することになるが、新しい戦争は避けようと試みた。しかし実のところろ、ローマ元老院はすでに戦争を決断していた。まず手始めにローマ人は、三〇〇人の人質の送致を強く要求してきた。前一四九年、ローマの一軍がウティカに上陸した（この町はすでにローマに服従していた）。そしてローマ元老院は、カルタゴがすべての武器をローマ軍に引き渡すことを命じる。それはただちに実行された。しかしそれがすべてではなかった。ローマはカルタゴの住民にみずからの法律に従って生きることは自由であるが、海から八〇スタディオン（一五キロメートル）離れた場所に移るべし――その場所は彼らが自由に選べるとした――と布告した。この要求は到底受け入れられるものではなかった。ローマに宣戦が布告された。

カルタゴの征服については、アッピアノスによってくわしく語られている。彼の典拠は目撃証人となったポリュビオスであったが。ローマはカルタゴの攻囲に三年を要した、とポリュビオスは述べている。前一四六年、ローマ人はスキピオ・アエミリアヌスの指揮下に港の地域からカルタゴ市内に入ることに首尾よく成功したが、壮烈な市街戦を演じたのち、カルタゴ市を征服した。カルタゴの最後の防衛軍は、ビュルサのアクロポリスに立て籠もった。そこの発掘は、急ごしらえに建てられた住居の痕跡、つまり最後の戦闘の跡を明らかにした（死者、武器、投石器の弾丸が見つかった）[1]。最後の抵抗兵は、エシュムーン神の神殿に逃げ込んだ。最後の瞬間にカルタゴの総司令官アスドゥルバル・ボエタルクは、スキピオに降伏し、一方、彼の妻は炎に包まれた砦の火に身を投じた。彼女は「ディドーの再来」と言ってよい。

（1）参考文献【12】、一二二頁参照。

カルタゴはローマによって征服されたのち、破壊された。ビュルサの丘の発掘からスキピオ軍によって破壊された廃墟が明らかになった。[1] しかしカルタゴは、伝説が言うようにスキピオ軍によって徹底的に破壊されたわけではなかった。伝説はローマ人が平らにならした廃墟の上に塩をまいたと語っているのだが、実は、いつの時代もビュルサの丘の上には充分に高い(三メートルほどもある)壁が何度も現われていた。最後の戦闘の死者を埋葬した痕跡は、ピエール・ドゥラットルの発掘の結果、たぶん二つの「集団」墓地においてはっきりと確認されるだろう。

(1) 同前、一二二頁参照。

第七章　カルタゴ市

古代の著作家たち、とりわけアッピアノスの情報とカルタゴ発掘の結果とを結びつけることによって、カルタゴ市の構造、そして時間を追った市の発展ぶりが部分的にせよ再構成できる。

I　最古期のカルタゴ市

ごく初期のカルタゴ市の歴史を見るとき、現在残っている最も明白な痕跡は、もっぱら墓地の地域とトフェトと呼ばれるカルタゴ独特の聖域の地域に限られる。伝説によると、最初の植民者たちはギリシア名でビュルサと呼ばれる場所に定住した、と言われるが、アッピアノスやその他の著作家によると、ビュルサはカルタゴ市のアクロポリスである。最初の探査とそれに続いた発掘から、この場所はサン・ルイと呼ばれる丘（フランス王ルイ九世は一二七〇年にそこで死んだと言われる）と同一であるにちがいない。現在、そこはルイ聖王に捧げられた古い聖堂や、国立カルタゴ博物館などの所在地である

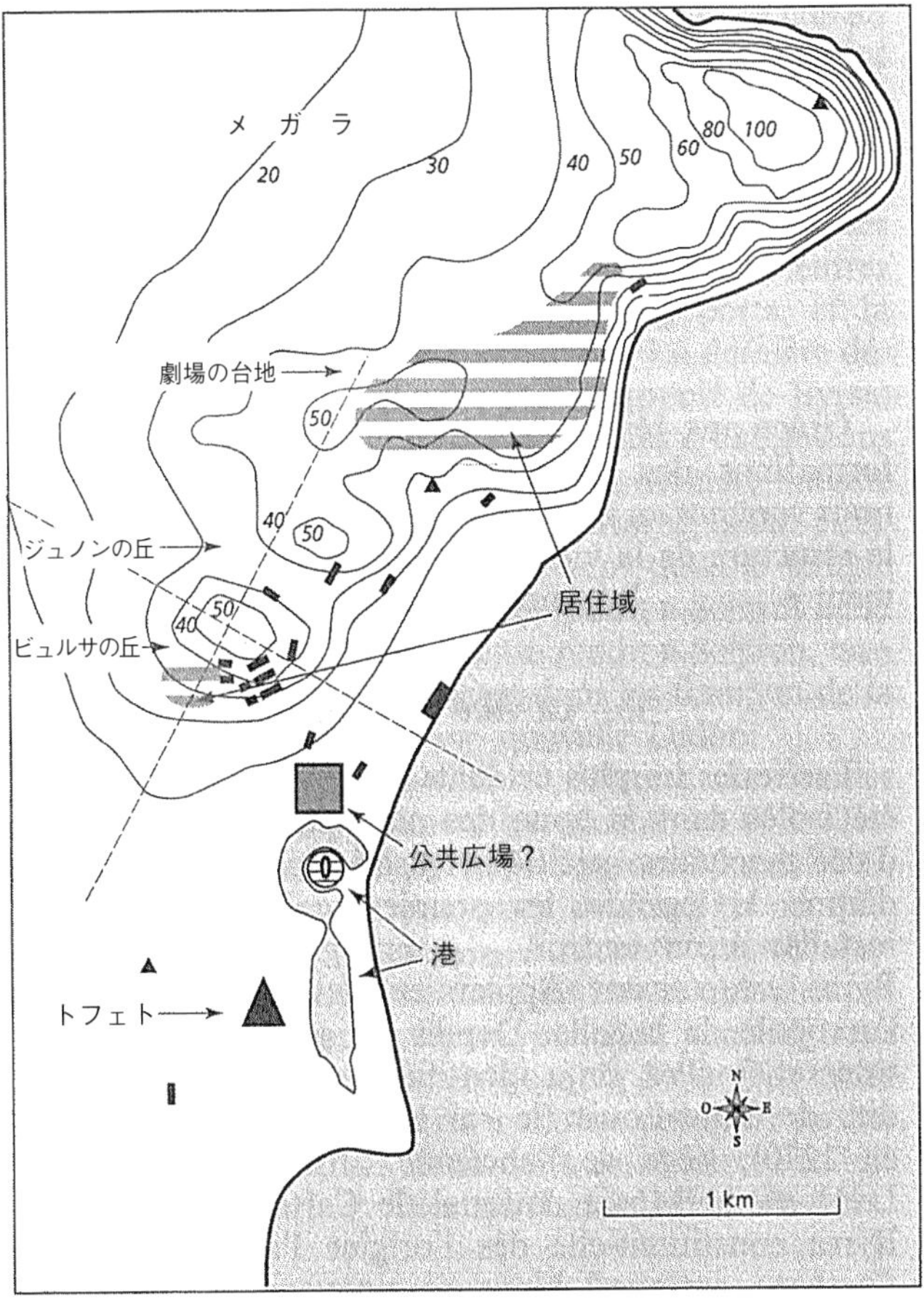

図３　紀元前２世紀のカルタゴ市

が、こんにちのビュルサの丘が原初の時代からカルタゴのアクロポリスであったかどうかは不明である。すでに見たように、この丘の頂上はアウグストゥス帝の時代に高さを均一にそろえる工事が行なわれ、ただ一つの水平の台地に変えられ、その上にローマ植民市の主要な公共建築物が建設されることになった。カルタゴの古い定住地と言われるビュルサの丘について、古代の証言は何一つ残っていない。ただし、そこから出土した、腹が大きくふくらみ頸の細い原コリントス式の陶器――アリュバロス陶器で、その年代は前八世紀の最後の三分の一世紀の年代もありうる――の断片が証拠と言えるだろう。反対にビュルサの丘をとりまく斜面では、前七世紀から前三世紀の年代の巨大な墓地の痕跡、同じく前五世紀から前三世紀までさかのぼる金属細工の仕事場、そして前二世紀を通じて確実に続いたと思われる居住区域などの遺跡が発見されている。

一方、最古の居住地の起源は前八世紀の前半にまで遡るが、その証拠はフリードリヒ・ラコブに率いられたドイツ人の発掘隊により、海岸平野の北、ビュルサの丘の東斜面に至る地域においていくつか証拠が明らかにされた。最古の時代、カルタゴの範囲はどの程度まで拡大していたか、都市の組織はどのようであったか、まったくわからないが、それでもその時代に城壁はまだ備わっていなかったのは確かである。少なくとも前七世紀に関する研究から、居住域の中心の道路が直角に交わる都市の平面とか、全般的に海岸線と平行した建物の向きなど、すでに都市的な組織が存在したことは知られている。市の南方、人びとの居住する中心部の外側に、いつもトフェトが位置していた。一方、墓地はデルメク、ドゥイーメス、アルドとトゥラビ、ジュノンの丘、ビュルサの丘などと呼ばれた地域において町を内陸の方向に取り囲んでいる。

二つの港の原初の位置はわからない。二つのラグーナ――現在の町の一風景としてはっきりと見られる――の位置と同じだったかどうか、今もその場所は不明である。二つのラグーナの地において明らかになった構築物は、アッピアノスが描写した前二世紀の二つの港と見て間違いない。この遺跡は――現在この地域にぽつんと孤立している――、前四世紀よりずっと以前に遡るものではない。はたして港が前八、七世紀という古い時代に居住地のなかに整備されていたかどうか、正確に突きとめることはできない。当時の港は非常に単純であったにちがいない。

Ⅱ 「ポエニ人の」カルタゴ市（前五世紀～前一四六年）

（1）前五世紀

カルタゴが真の都市として最初に発展を遂げたのは、前五世紀からであったにちがいない。そのとき、現存の史料によると、カルタゴはその建設以来リビュア人に支払っていた貢租から解放され、シチリア島で数々の苦杯をなめたのち、おそらくアフリカにおいて「帝国」を建設しようと精力を傾けたであろう。ドイツの発掘隊の仕事がトフェトの北において、不規則な平面図をもったかなり地味な造りの住居区域を明らかにした（どの家屋もすべてペリスチュリウム[1]をもっていなかった）。そのような住居は、海岸に沿った城壁の内側に建てられていて、海岸と直角に交わる一つの道が通り、その道は側面に塔をいただく巨大な門に達している。城壁はエル・アウアリア産の石灰岩で造られ、原初には入念に白化粧漆喰が塗られていたが、現在では基礎の部分、散らばった残骸、とくに上部の飾りブロックだけが残っていて、それらによって全体の再構成が可能になっている。城壁は比較的新しい年代の軍港の城壁と同じ高さにまで達していたにちがいない。

（1）ペリスチュリウムとは、屋内の庭園で、長方形をし、周りが列柱で囲まれていて、中央には泉水か池があるものをいう。天井は吹き抜けになっていて屋根がないので、列柱が内勾配になった屋根の軒を支えている〔訳注〕。

前五世紀のカルタゴ市の境界と、市が向いていた方向とを再構成する手がかりは、市の周縁に位置した職人の仕事場、とりわけ金属細工の仕事場から得られる。市の下町は、通りが直角に交わるタイプの規則正しい平面図を描き、その方向は当時も存在したビュルサの丘の建造物が立ち並ぶ丘の斜面によって決まるため、アゴラを「中心」として異なる方向に向かっていた町の方向と一致させようとしたことがわかる。居住地はトフェトの南まで達していなかったにちがいない。居住地は町の内側へ向かって墓地が描く円の弧の部分を通り越してはいない。新しい地区が「劇場（オデオン）の台地」の向こうに、したがって墓地を通り越して拡大を始めた年代は、ようやく前四世紀であっただろう。それはディオドロス（『歴史書集成』XX、四四）がカルタゴ市と同様にネア・ポリス（「新しい市」）と呼んだ地区であるが、ここに一つの問題が提起される。アッピアノスがそう呼んだのは、おそらくのちにメガラと呼ばれることになる庭園やヴィラが全体を占める地区であっただろう。

カルタゴ市の発展の開始期について、本質的には考古学から情報が得られる一方で、市の土地についての研究は、いまだ一部は偶然のものであるが、前一四六年のカルタゴ占領に関連する記述史料は貴重な叙述を提供してくれる。また、現地での研究は――たしかに一部が偶然になされたにすぎない――、ローマ時代から現代の居住地までずっと続いてきた建築物が災いしているものの、右に述べたことを部分的に確認するのである。

(2) 城壁

古代の著作家たちによると、カルタゴ市は約三三キロメートルと計算される囲壁によって保護されていたが、アッピアノスが語るように(『リビュア史』、九五)、地峡を横切って三重の城壁があった。その他の点では、城壁は単純であった。すなわち、南の城壁は海岸に沿って走り、商港に寄り添うように建っていた。北の城壁は、こんにちのシディ・ブー・サイード、マルサ、ガマルトなどの地区を取り囲んだにちがいない。南の海岸に沿った城壁の一部は、ドイツ人の発掘によってその姿が明らかにされた。その城壁の構造、つまり前五世紀の城壁の道筋はもっと高くなっていたと示唆された。ずっとのちに、軍港は外部から閉ざされ、新たな城壁が海岸線にくらべてさらに前方に建設された。

カルタゴの地峡を保護した三重の防壁は、アッピアノスによって詳細に描かれた(『リビュア史』、九五)。彼に従って述べると、この防壁の全体は約五キロメートルの総延長を持ち、そのすべての部分は約一・五メートルの高さがあり、上に銃眼を載せていて、その脇には等間隔に塔が設置されていた。三重の防壁はそれぞれが二階建てになっていた。下の階には軍象の檻があり、上の階には軍馬の厩と倉庫や兵士のための部屋が備わっていた。この地峡の城壁は前一四九年にローマ軍の攻撃を受けたが、攻撃は成功しなかった。アッピアノス（『リビュア史』、九七）は、この攻撃を述べるさいに、いろいろの細部を伝えているが、それはこの城壁についての初めての叙述である。彼は一つの壕、一つの「高い壁」、「小さな壁」、そして一つの「前面の壁」を挙げている。デュヴァル将軍が一九四九年に行なった空と地上からの研究は、この城壁の痕跡を明らかにしているが、彼はそれら城壁の痕跡をこの防御組織に関係づけた。そののちに企てられた発掘は、要塞の前面の壁、とりわけ一つの壕と射撃用の足場——いまでは柱を立てるために砕いたアンフォラを敷きつめた穴だけが残っている——を明らかにした。この防御物の全体は、一つの壕として示されるにちがいない。その壕は、カルタゴ市の外で柵によって、そして市の側で一つの城壁——その痕跡は何ひとつ発見されていない——によって守られた。

（3）前三世紀の下町

下町は全般的に海岸線に平行する方向を維持していて、そのことはローマ時代にも本質的に保持されることになるだろう。(1) ドイツ人の発掘は、市の北に広がる海岸平野に沿って行なわれ、一つの居住地を発見したが、その地区は前五世紀の居住地——「マーゴー地区」と名づけられた——に続いていた。前三世紀になってそれ以前にあった居住地の全体は、裕福な人が住む住宅街に変わった。住まいは、巨大で非常に広いスペースを持ち、ペリスチュリウムを備え、さまざまな装飾が施された化粧漆喰の壁と床を示している。

ここに一つの碑文がある。（1）参考文献【6】、一六五〜七頁参照。その碑文は当時の状況にはそぐわない発見であるが、その文字の形に基づいてこの時代のものとされる。一つの通りが建設されたか、または城壁に道が通されたことを記念している。この碑文は「カルタゴ市の平野」と呼ばれた町——たぶん下町であった——の一部において新しい門が造られた、と言及する。一通りのいろいろなタイプの商人や職人が引用されているが、彼らはこの地域に自分の店を持っていたのかもしれない。この碑文の本文は、確かに断片的であるが、それでも職人の地区を再現することによって、発掘が復元したいろいろな情報を一つにまとめることを可能にするように思われる。

（4）ビュルサの丘の居住地

ビュルサの丘の南と南東の斜面で行なわれたフランスの発掘の結果、とりわけそこで発見された輸入陶器に基づいて、前二世紀の前半に年代が定められる住居地の全体を特定できた。その地区は——「ハンニバル地区」と名づけられる——かつて半世紀にわたって人びとが居住した地区で、発見者たちはハンニバルの執政職（前一九六年〜前一九五年）のときに彼が考えついた、としている。

その居住地（とりわけ南東の斜面の地区A）は、全体が一つの「島」（インスラと呼ばれる区域）にきちんと組織されている。つまり手入れの行き届いた、しかし各家は——決して豪華でないが——非常に均一の区割りに段取りよく建てられている。発掘によると、これらの「島」は「役人、士官、神官」など社会の中流階級専用の地区だったにちがいない。[1] これらの「島」は、突き固めた土で街路から切り離され、直角に仕切られていた。水は土中に掘られた水溜に取り集められ、そこに水路が敷設され、水路はしばしばアンフォラの破片で造られた。

(1) 参考文献【6】、一七六頁参照。

市の通りはビュルサの丘のなす斜面のせいで、しばしば急勾配になっていたため、道は下町の通りにくらべて異なる方向に向かい、直角に交わらず(とりわけ南の斜面のB区がそうである。そこではペリスチュリウムを持った大邸宅の遺跡が一つ現われている)、また階段があったことを示す場合がある。いくつかの店は戸外に置かれ、通りⅡと通りⅢの名で呼ばれる通りが作る四つ辻に囲まれた小広場のなかには、宝石商の店に似せた店があった。このタイプの地区は、ヘレニズム時代のカルタゴ人の都市がもった特徴であった(それと比較されるものが、シチリア島のカルタゴ人居住地においても報告されている)。

各家は敷地いっぱいの狭い居住空間をもった。したがって、複数の階があったと想定される。上の階へは木製の階段で上っていくことになるが、階段は現在残っていない。しかしながら、アッピアノス(『リュビア史』、一二八)がカルタゴの征服を語ったときの六階建ての家はない。各家に必要な水は雨水であった。雨水は貯水槽に集められた。最も多く見られる貯水槽の形は長方形で、その短い辺は丸くなっていて、浴槽の形か、ときとして瓶の形をしていた。

(5) 二つの港

ごくわずかの例外はあるものの(形が崩れているとか)、円形と長方形の二つのラグーナ——こんにちもカルタゴの景観のなかに見ることができる——は、アッピアノスが描写する(『リュビア史』、九六)、有名な人工港の遺跡と考えられている。古代の人びとはそれをコトンと呼んでいる(その語源はよくわからないが、たぶんフェニキア語だろう)。国際的な発掘隊が活動したさい、長方形のラグーナの地域はアメリカ隊の目標となり(L・ステイジャー)、一方、円形のラグーナは、イギリス隊の目標であった(W・ハースト)。

長方形の商業港へは約二八メートルの開口部——それは鎖で閉じられた——を通って入った。この商業港は円形の停泊区域——戦艦専用の港だった——に繋がっていた。「(円形の港の)港内係船ドックの真ん中には島があり、その島と係船ドックとは、多数の大きな桟橋によって仕切られていた。桟橋には二二〇隻の船を収容するために造られた造船台がしつらえられ、また各桟橋にはそれぞれ対応する倉庫——三段櫂船の船具を納めるためでもあった——がそなわっていた。各桟橋の前方には二本のイオニア式円柱が聳え立ち、係船ドックと中央の島の回りは、さながら列柱廊の観を呈している。島の上には艦隊司令長官の小屋が建てられている。(中略)各桟橋の造船台は、商船が港に入ってくるとすぐに丸見えになるというわけではなかった。なぜなら、桟橋は両翼から伸びている壁で囲われていたし、商船が桟橋の区域を横切ることなく最初の係船ドックから市中へ入る出入り口がいくつかあったからである。」(1)

(1) アッピアノスの訳は参考文献【6】、一九三頁参照。

港の発掘は、古代のいろいろな叙述が正しいことを確認した。港全体について、二つのプールの規模は、むしろ非常に狭い。円形の港の深さは二メートル、表面積は六ヘクタールである。長方形の港は、二メートル半の深さと七ヘクタールの表面積である。けれども栈橋をもつ軍港は、とくに艦船を修理する仕事場の役割を果たしたはずで、規則的な避難所の役割を果たすものではなかった。商業上の機能のために、船の接岸のほか、いくつかの利点があったにちがいない。二つの港の大きさ以上に考古学者を非常に驚かせたのは、港の改修の年代が新しいことであった。発見された陶器の年代によると、軍港は前二世紀の始めに遡り、一方、商業港の発掘は、前三世紀の後半よりも以前の年代には達していない。それゆえ、この二つの重要な施設、二つの人工施設すべては、第二次ポエニ戦争以後に建設された、と認めないわけにはいかない。そのときカルタゴは、和平条約に従って、一〇隻以上の艦船を所有してはならなかった。

円形の港において、発掘は六角形をした中央エリアの周りに左右対称に配置された三〇基の栈橋をすべて再構成することを可能にした。中央エリアの内部に残る遺跡は、艦隊司令長官の小屋と確認された。その他の栈橋は、すべて円形のプールの周りに配置されていて、したがって、一六五基ないし一七〇基の栈橋の存在が確認された。その数は、二二〇隻の艦船が軍港に収容されたとアッピアノスの述べる数にくらべて少し低い数である。栈橋のなかに艦船を乗せて引き入れるべき傾斜台も明らかにされた。

アメリカ隊の発掘は、商業港の西の部分に集中して行なわれた。一つの水路が港の外へ通じていたが、その水路は、港のいろいろな構造物――十九世紀に港の地区を探査したデンマーク領事の名にちなんで名づけられ、「ファルベの四辺形」と呼ばれた――と関係があった。それら港の構造物は、船を操船し

て荷物の積み降ろしするための盛り土をして造られたにちがいない。(1)

（1）参考文献【6】、一九九～二〇〇頁参照。ランセルはまた「ピストル壁」と呼ばれた構造物をポエニ人の埠頭と見た。

二つの港が造られる以前の時代、カルタゴの港はトフェトにくらべて南または西に位置していたと考えられる。最近行なわれた二つの港の発掘中に、海岸線に平行する水路の一部があったと確認されたが、その水路は将来の円形の港となる地域に繋がっていた。そこから一つの仮説が立てられる。その水路は、艦船を古いほうの港から海軍工廠の地域――円形の港が掘られる以前の土地を占めた――へ輸送する役割を担った航行可能な水路であっただろう。この仮説は、ルイ・カールトンによって提起され、非常に古い港はのちのアントニヌス浴場の地域にあったと認めるもので、排除されえない。そのうえ、カルタゴはフェニキア人のすべての海洋都市がそうであったように、二つの港を整備できる充分な力をおそらく持っていたにちがいない。

（6）祭祀の場所

（A）神殿

アッピアノスによると、ビュルサ地区へはアゴラからのびる三つの平行する通り――ビュルサの丘の頂に導いた――を経て到達できた。ビュルサの丘は城壁が取り囲んでいて、エシュムーン神の神殿を持つ城塞であった。この神殿の前には、六〇段の階段が設けられていて、神殿は海岸平野を一望に見下ろしていた。アウグストゥス帝の時代に行なわれた工事については何も知られていないし、そのうえ、一般に、神殿、聖域などの公共建築物は、古典時代の著作家やトフェトのいろいろな碑文にしか言及されず、また公共建築物の考古学的な遺跡（トフェトを除く）もまれで、祭られた神の名も不明である。

アポロンの豊かな神殿（フェニキア名はレシェプないしエシュムーンか？）は、アゴラの縁の、商業港の近くに位置し、スキピオ・アエミリアヌスによって略奪された（アッピアノス『リビュア史』一二七）。ある重要な建物の廃墟がドイツ人の発掘によって明らかにされたが（一九八九〜一九九四年）、それをこの神殿と同一と見なす説――まだ仮説である――が提起されている。いま問題の建築現場は、イブン・シャバト通りにある。古い時代の一群の家屋――前六世紀末と前五世紀初めのあいだ――の上に、大きな「公共の」建築物が現われていて、この建物はカルタゴの生涯の最終局面（前三世紀末〜前二世紀）になってひときわ壮麗な改修工事がなされた。この建物をある神殿と見なす仮説は、とりわけこの建築物の内部で見つかったあるタイプの品物を根拠としている。この建物の最新層からは前一四六年の破壊後、ローマ時代に平らにならされたときの建物の破片に混じって四〇〇〇個以上の粘土製封印が発見されたが、それらはパピルス文書を封印したにちがいない。それゆえ巨大な量の記録文書を収容した建物で、それら文書はある聖域のものか、あるいは場合によっては、行政の機能を持った公共建築物のものであった可能性がある。そこがアゴラと推測された地域に近いという地誌的状況からアポロンの神殿であったと想定させる。

発掘によって明らかにされた建物の破片、つまりエジプト様式（エジプトの柱の切り込み）やギリシア様式（ドーリス、イオニア、そしてアイオリスの各様式の角柱頭）、細かい化粧漆喰が塗られた石灰岩の様式などは、ヘレニズム時代のカルタゴに特徴的な建築様式の一例であって、その時代にカルタゴはフェニキア伝統の建築の要素を同時代のギリシア世界の新様式と結びつけて採用したのであった。

トフェトの西約五〇〇メートルのところで、ルイ・カールトンは、ヘレニズム時代の聖域の廃墟を発掘した。それは長方形の小部屋をもつ建物で、小部屋の縦の面はつき固めた土の壁によって仕切られていて、小部屋の床には天蓋が上に乗っている祭壇があった。天蓋はイオニア様式の円柱が支えていて、小部屋の平面図は、シリア＝パレスティナ地方のいくつかの神殿に見られる特徴をもっていた。最も有名な例は、エルサレムのサロモンの神殿で、フェニキア職人の手になる神殿だった。

（B）トフェト

トフェトはフェニキア人が住む西地中海のほとんどすべての都市に特徴的な聖域の一つの型で、たぶん都市の地域の一部であった。そこは数々の古い研究が最も集中して行なわれた場所だった。トフェトは、居住地から離れて置かれた墓地であった。この場所がかつておおいに議論を起こし、いまもなお議論が続いているのは、聖なる場所であるというその性質からか、あるいはトフェトから出土した非常に多くの石板――しばしば碑文を持った――のためである。トフェトは海岸平野に、都市の中核の南か、都市の周縁部に位置した。そしてこの区域こそ、カルタゴ発掘のそもそもの始めより、市が生を受けたときの最も古い証言をもたらした場所だった（前八世紀。ジュノンの丘の墓地から出土の「山形模様を持つ」型の一つのカップは、いまや前八世紀の第二・四半期〔前七七六～前七五〇年〕のものとされる）。トフェトはカルタゴ市の破壊に至るまで使用された。

「トフェト」は、慣例によると「骨壺の原」の特徴をもつ聖域を表わすのに用いられた用語である。

骨壺は、屋外の場所に埋められたが、その場所はしばしば壁によって区画され、大部分の場合、都市の端の、自然に高くなった場所で、それも非常に軟弱な土地が選ばれている。骨壺の上には、あるとき（前七〜前六世紀）から一般に粗雑な石板が、それ以後、石碑が立てられた。石板は浮き彫り、ないし版画が彫られていて、またときには碑文で飾られた。トフェトの聖域には、祭祀のための祭室か、小さな建物と祭壇があったと、立証されている。とくに北アフリカのいくつかの都市（カルタゴ、ハドゥルメトゥム（現スース）、キルタ（現コンスタンティン）やシチリア島の都市（モテュア）そしてサルデーニャ島の都市（とりわけタロス、スルキス、ノラ、そしてまたカラリスとビティアも）、そしてマルタ島の都市（たぶんラバト）と非常に多くの都市において確認された。しかしフェニキアとスペインではいまだ確認されていない。骨壺――テラコッタの壺――は、高熱で焼かれた骨を納めているが、骨の分析の結果、幼児、それも大部分は乳幼児と小動物――最も頻繁に見られるのは羊――の骨と確認されている。

これらの発見物は、ヘブライ人の聖書のいくつかの文章と関係があるとされた。すなわち、聖書の文章は――刑を宣告するさいに――カナン人の慣習として、ヘブライ人も取り入れたが、息子や娘を「モロク神」（一般に神の名と信じられた）へ奉納したとき「火を通る」慣習があった、と報告している。この恐ろしい儀式は、エルサレムの近く、ベン・ヒノンムの谷の「トフェト」において行なわれた。上でおおまかに描写されたように、西地中海の聖域に使われたのはこの語である。つまりこの語は、地名か、それとも「焼く」を意味する語根から派生した可能性のある普通名詞か、そのいずれかである。

(a) トフェトの発掘

トフェト発掘が明らかにしたいくつかの層位は、セルジュ・ランセルによって再構築され明晰に述べられ[1]、エレーヌ・ベニシュ＝サファル[2]によって詳細に再構成された。十九世紀末以来、『セム語碑文集成』(CIS I の第一部第一巻、パリ、一八八一年) の編者たちは、その当時流行していた方法の一つとして、碑文材料を研究に使う目的で新しい研究手段をいろいろな研究に加えるよう希望を託したのであった。トフェトの場所は、ようやく一九二二年の初めより、二人のアマチュア研究家、フランソワ・イカールとポール・ジーリーによって発掘された。二人はチュニジアの役人で、仕事を短期間に、つまり一九二二年十一月までに、成し遂げた。当時、古文化財局はルイ・ポワンソによって監督され、彼はレイモン・ランティエを助手とした。イカールとジーリーはすでにこんにち定まっているトフェトの層位を――わずかな変更を加えて――確定した。一九二五年、発掘はフランシス・ケルシーによって指揮されたフランスとアメリカの合同チーム (フランス側はジャン＝バティスト・シャボーが代表したが、彼は当時『セム語碑文集成』の編集長であった)。ケルシーの助手を務めたのがドナルド・ハーデンで、彼はトフェトの歴史を三つの局面に分けて書いた。すなわち、タニトⅠは前八〇〇年から前七世紀の初め、タニトⅡは前七世紀の初めから前四世紀、タニトⅢは前一四六年までである。

(1) 参考文献【6】、二四七〜二七六頁参照。
(2) 参考文献【13】。

ケルシーが一九二七年に死ぬと、発掘は一九三四年まで中断した。G＝G・ラペイルは、すでに一九三六年までにルイ・カールトン――彼もまたその間に死んでいた――が買っておいた土地の発掘を行なった。発掘がピエール・サンタス（当時の古文化財局長はジルベール＝シャルル・ピカールであった）の指揮下に再開されたのは、ようやく一九四四年、第二次大戦後のことであった。一九四七年、サンタスはさまざまな陶器、一部分はギリシア人の製造になる陶器の集まりを発見したが、それらの陶器は一種の囲いと小さな構造物のなかに並べられていた。サンタスはそれが前二千年紀の「カルタゴ人以前の」祭室であって、上陸してきた最初のフェニキア人によって都市建設のさいに寄託されたものとして整えられたとした。

その後、このひとまとまりの陶器を含む研究資料は、正確な方法で前八世紀から前七世紀の年代をもつと決められた。それら陶器は、フェニキア型の壺を含み、その他はギリシア型の壺、とりわけエウボイア島の壺を含んだ。最近のさまざまな分析によってほとんどすべての非フェニキア型の壺は、西地中海のピテクサイ（カンパニア地方のイスキア島）に、あるいはカルタゴに定着したエウボイア人によって製造された、と結論づけられることになった。

このひとまとまりの陶器にあてられた役割をより正確に突きとめたのち、ピエール・サンタスが「祭室」の解釈を断念したのは、そのほかの似たようないくつかの構造物（奉納物の品物を収納する溝を伴った小部屋）がこの区域に存在すると気づいたからである。(1) しかしそれは彼が発見した物の重要性を低く見積もることではない。彼が発見した物は、最初の寄託物の古さよりもっと古く、前八世紀にフェニキア人の世界とエウボイア人の世界とのあいだの緊密な関係があったことを示すのである。そのような緊密な関係は、そのほかの都市域において、とりわけサルデーニャ島のスルキスにおいて、そしてある場合は逆にピテクサイにおいて――そこではフェニキア人はギリシア人の側で生活したにちがいない――確認された。このような違った起源を持つ住民の中核が共存したことは、地中海世界を、あるいはフェニキア人やギリシア人の植民市（それは定住地であったかもしれない）を特徴づけるように思われる。

（1）参考文献【1】、三一八～三一九頁参照。

ピエール・サンタス死後、トフェトの発掘作業は、ユネスコの国際的な発掘隊が組織されたのを機に再開され、そして一九七五年と一九七九年のあいだにローレンス・E・ステイジャー（オリエント研究のアメリカ学院の派遣隊）によって指揮された。その発掘は、フランシス・ケルシーが探索した区域の端に集中して行なわれた。以前の層位学は、層位学の九つの層の範囲を切り離して考えることによって正確にされたが、しかし全体を三つの局面に分割することは依然として保持された（タニトⅠからⅢ）。これら三つの局面は、その年代が修正された。タニトⅠは前七三〇年（たぶん非常に新しい年代である）と前六〇〇年のあいだに置かれた。この前六〇〇年もまたセルジュ・ランセルにはあまりに新しすぎる年代と思われた。(1) タニトⅡは、タニトⅡa（前六〇〇～前四〇〇年）とタニトⅡb（前四世紀～前三世紀）に分けられた。つまりこの時代区分はまた、石板と碑文の分類に基づいている。

（1）参考文献【6】、二六五頁参照。ビュルサの丘の発掘によって非常によく知られた前七世紀の陶器は、タニトⅠには出現していない。

エレーヌ・ベニシュ＝サファルの功績に帰せられる最新の研究（二〇〇四年）は、この聖域の生涯を四つの局面にきっちりと構成し直した。すなわち、彼女は聖域の全体の年代を前八世紀の初めから前一四六年のあいだに設定し、「聖域の地層そのものと出土品全般にわたって行なったいくつかの観察」に基づき、聖域は「カルタゴ市の破壊後一〇年ないし二〇年を」生き延びたと推測した。(1) ベニシュ＝サファルの提示したタニトⅡとタニトⅢの局面は、ハーデンのタニトⅡの時期とおおよそ一致している（アメリカ人の学者たちが再構成したタニトⅡaとタニトⅡbのあいだの違いにもおおまかに一致する）。

（1） 参考文献【13】、一七〇頁参照。

（b） トフェトの祭祀と解釈

カルタゴにおいてイカールとジーリーによるいくつかの発見があったのち、それまでに明らかにされた遺物の解釈について、活発な議論が展開された。高熱で焼かれた骨の分析は、一九二二年にポール・パラリーによって、一九六一年にJ・リシャールによって、さらにのちにアメリカのチームによって果たされた。以上の人びとの分析は、幼児の、一般にまだごく幼い子供の、つまり死ぬには早すぎる、二歳の年齢で死んだ幼児のみか、あるいは小動物——それは一般に羊だった——によって代用されるか、または一緒に葬られた幼児の埋葬の大部分を示すものである。それらのデータは、墓全体について見ると、モテュアとタロスのトフェトから出た骨壺の内容物を分析した結果、確認される（モテュアとタロスでは、埋葬の儀式は春に行なわれたと結論される）。トフェトに埋葬された遺物は、早い時期の一群のギリシア語とラテン語の著作家による記述が考古学的に証明されたように思われる（クリタルコス、ディオドロス、プルタルコス、カイサレアのエウセビオス、ユスティヌス、テルトゥリアヌス。モスカティ(1)を参照）。これらの著作家たちは、カルタゴ人の幼児をその神々に犠牲として捧げる慣習に帰している。

（1）参考文献【14】参照。

これら犠牲式の実際は、カルタゴと他の西地中海のトフェトの石板に彫られた碑文の分析によって支持された。すなわち、最も古い記念碑のうえでは、バアル・ハンモン神だけに捧げものを供えているが、前五世紀の終わり以降の同種の記念碑のうえでは、ティニトとバアル・ハンモンに奉献されている（ティニトはいつもカルタゴ以外の所にいたわけではない）。最も頻繁に捧げものをしたのは、男性であった（しかしながらカルタゴにおいては女性が奉献をする少数の例があった）。それが男性であることはその系図によって確認され、骨壺に埋葬された幼児の父と想像される。すべての社会階層の人——高位の役人から非自由人の個人やセム語の名前を持たない人物まで——が表わされている（コンスタンティンにおいて二つの奉献文は、ギリシア語で書かれた）。「贈り物」は、神々が奉献者の祈りを聞き入れたがゆえにか、あるいは神々が祈りを聞き入れるために行なわれた。

いくつかの例に見られるように、奉献物は milk の語によって示され、しかも頻繁に補足語を伴った。この語は molch の語形でラテン語に転写され、ローマ帝政時代のアルジェリアのヌガウスの都市域において発見された二つの石碑によって確認される。すなわち、サトゥルヌス（バアル・ハンモンのローマ化された名）への molchomor と名づけられた犠牲の奉献物である（二つの異形で書かれることがある）。この語は、フェニキア語の表現、つまりさまざまな石板の上に立証される milk'mr と同等と解釈され、「子羊の maqlk（奉納物）」を意味し、それは代用の犠牲獣と解釈された。

これを根拠にして、またいくつかの石碑のうえに現われたフェニキア語の他の表現、たとえば milk b'l

や milk'dm なども考慮に入れて（それらの語の意味は、いまなお議論されている）、O・アイスフェルト（一九三五年）は、有名なモロク――ヘブライ語旧約聖書に現われ、七十人訳聖書では首尾一貫して翻訳されているとはとても言えないが――は神ではなく、むしろポエニ語の石碑の奉献物 milk である、と提案した。彼はまたトフェトと言われた聖域に典型的に見られたもの、つまり幼児ないしその代用物と考えられた動物の奉献物を表わすだろう、と示した。

トフェトについてのO・アイスフェルトのこの解釈は、その全部が受け入れられた。けれどもこの議論の仕方や石板に記された表現に意味を与えるか、細かいニュアンスや議論がついてまわった。神の存在しないことにも異議が唱えられた。

それまでに流行した解釈に対して、一九八〇年代以降、強い反動が現われた。サバティーノ・モスカティは、一九八七年に先行する二つの研究に従って、トフェトは社会的地位を奪われた特別な幼児に留保された墓地であったとする意見を支持した。それらの幼児は誕生と同時にか、または非常に低い年齢で死んだ。なぜならすでに知られているポエニ人の墓地は、実際に乳幼児の死亡率がきわめて高かった時代にしては幼児の遺物がほとんど残されていなかったと言われる。そのうえ、ギリシア語とラテン語の著作家の伝える情報のあいだにあるいろいろな意見の不一致と、さらにそれらの情報の反カルタゴ人的傾向が強調される。つまりこれら大部分の著作家は、危機のさいに集団の幼児供養が行なわれたと語るのに対して、考古学はそれらが個々人の埋葬であったと立証するのである。一つの骨壺に二人の幼児を収容する場合もあるが、最多でも三人である。

このような意見は、二、三の修正がなされたが（実際にいくつか稀な犠牲もあったと言われる）、いまや優勢な意見である（ファンタール、グラース、デグジドール、ベニシュ＝サファル、リビキニ）。けれどもA・チャスカはモテュアのトフェトに捧げた長い論文において、埋葬された骨壺の数をかぞえ、その聖域が生き続けた長い期間を考えると毎年埋葬された数は、モテュアの幼児の全死亡者を網羅するには非常に少ない数でしかない、と示そうとした。カルタゴの場合、骨壺の数を算出するのは難しい（毎年およそ一〇〇基はあっただろうか）。

その他の伝統的な解釈を考慮して、文学的、考古学的、碑文学的な史料――数は非常に少ないという現状である――の偶然の符合をここに書きとどめておかなければならない。それゆえ、それら各種の情報を基にしてカルタゴやその他の場所において、いろいろな理由で、そしてまた依然としてよくわからない状況下で、そのような不動の慣習が確立し、カルタゴ市が誕生して以来、その町の周縁において、明らかにそれとわかる空間を聖域として留保する慣習があった、とする。その聖域は――たぶんシリア＝パレスティナ地方の記念すべき場所の伝統と結びつけられるだろう――、バアル神に、それからとくにカルタゴでは、ティニト神とバアル神にそれぞれ捧げられた幼児ないし小動物の奉献にあてられ、器物は焼かれ、銅の壺に埋葬され（反対に石碑や石板は付随的なもので、しばしば場所の空きがないという理由で取り除かれた場合もありえた）、そしていまもなお明らかにしうる祭儀を受け入れた証拠である。このような奉献物は数が少なく、ある場合には、一家族の生涯で一回きりのことであって（同じ人が一回より多くトフェトに犠牲を捧げたという碑文の証拠はない）、そしてまた例外的な場合にのみ実行された。これらの行為を神に対する敬虔の証と分析してはいけない。これらの行為は、固有の伝統――もともとフェニキア人は異国の考えに従った――への強い執着を明らかにする。

カルタゴの滅亡後、トフェトは北アフリカの多くの中心都市において生きながらえたが、しかし碑文の書式は変更され、サトゥルヌスとユーノ・カエレスティスの祭祀は、バアル・ハンモンとティニトの祭祀に取って代わった。この幼児犠牲の供儀は、テルトゥリアヌスが彼の時代にも（後二世紀の後半）密かに行なわれたと確言しているが、やがてなくなった。カルタゴ起源の供儀を表わす二、三の用語は、聖域のラテン語の石板のうえに生き残った。しかし供儀の用語 molk――ラテン語で「夜の大供物」と明記された――は、いまや子羊になっており（ヌガウスにおいて「代替物としての子羊」と呼ばれている）、両親によって幼児の健康を祈って捧げられた。

（7） 墓地と葬儀のイデオロギー

カルタゴの墓地は、とりわけ十九世紀の最後の三分の一世紀と、二十世紀の最初の二、三〇年のあいだに発掘された。一九七〇年代の終わり、フランス人によるビュルサの丘の発掘は、前七世紀と前六世紀の多数の墓の完全かつ充分な資料に基づく理解を可能にした。エレーヌ・ベニシュ＝サファルの全体の研究は、[1]ばらばらに散らばった記録を一つにまとめることによって貴重な再構成を可能にした。すなわち地誌的・類型学的・年代学的な研究と葬儀の儀式の再構成である。

（1） 参考文献【15】参照。

カルタゴの墓は、海岸平野の周りのいくつかの丘（ジュノン、オデオン、サント＝モニク）、一つの台地（ブルジュ＝ジュディード）、そして一つの狭い平野の上に半円形に配置されていた。[1]最も古い墓群（前八世紀と前七世紀）は、当然のことながら古代の居住地に最も近い墓である。

（1）デルメックと呼ばれた。これについては参考文献【15】、一三頁参照。

初期の時代に関して最もよく資料で裏づけられる埋葬の儀式は、土葬である。すなわちフェニキアと西地中海の定住地――モテュアのような――において実際に知られているものに基づいて立証されるのとは反対の儀式である。火葬は少数派であって、いくつかの場所（ドゥイメース、ジュノンとビュルサの丘）に集中しているように思われる。この時代の火葬にされた死者は、母国と特別な関係を保持したにちがいない。反対に土葬が優位であった理由は、リビュア系の土着民とのあいだで住民の混淆がかなり進んでいたからだろう。[1]

（1）参考文献【6】、六七～六八頁参照。

火葬にされた死者は、一般に穴のなかに埋められたアンフォラに安置されるか、もしくは深いとはいえない、一種の井戸のなかに丁寧に安置された。

土葬墓の類型学は、単純な溝型墓から部屋型墓――地下に入念に建てられた――に至るまで、広範囲に及んだことを明らかにした。溝はしばしば石の敷石でもって覆われた。死者は単に溝のなかに安置されるか、あるいは木製の棺に安置された。木製の棺はいくつか残存している。副葬の調度品は、一般に死者の側で見つかっている。溝の深さはさまざまに異なる。すなわちいくつかの場合、墓は円形墓地の端にある井戸の底に置かれていた。

部屋型墓は、岩に穴を掘られるか、地下にうまく造られるかして、埋められた死者は大部分の場合、二名で、そして石製ないし木製の棺に安置される場合もあった。墓の入口は、井戸か、または石に穿たれた通路、すなわちドゥロモスが造られていた。墓の入口は石板によってふさがれた。屋根は一般に二つの石版を合わせた斜面になっていて、二つの斜面は平たい板で作られ、正面の上部は壁で隠され、全体で単一の丸天井になっている。地下に造られた部屋型墓の場合、部屋は長方形をなし、用いられた石は石灰岩であるのが一般的である。石板は入念に仕上げられ、きわめて細かい化粧漆喰で覆われている場合もあった[1]。天井は被いの石板によって作られているが、非常に富裕な墓の場合、木製の羽目板が墓の内部を被っていた[2]。副葬の調度品は、死骸の周りか、あるいは墓の周囲の壁に穿たれた壁龕に安置された。

（1）参考文献【15】、一六〇〜一六一頁参照。
（2）ヤダミルクと呼ばれた墓。参考文献【5】参照。

もっと単純な墓は、飼い葉桶の形をし、一枚の石で造られた石碑から構成されたが、葬られた死骸は一つだけで[1]、木製の棺に納められたこともあった。副葬の調度品は、死骸の周りに沿って墓の内側の壁龕ないし墓の外側に置かれた。

（1）参考文献【15】、一〇二〜一〇五頁参照。

墓所の儀式は、前五世紀以降変化する。すなわち火葬が優勢になったが、土葬も引き続き見られた。この変化を説明するため、人間の死後の霊的な面をいっそうはっきりさせた信仰の革新に思いを致すようになった。逆にセルジュ・ランセルによると、[1] それは墓所の空きが不足したことから引き起こされたことで、その背景にはカルタゴ人は死んだ家族を火葬にせざるをえないというカルタゴ市そのものの拡大があったからである。この主張を支持する手がかりが、カルタゴ市の外側において大きな葬儀用の部屋型土葬墓が継続して見られることから得られる。たとえば、ドゥジェベル・ムレッツァの墓地の場合がそうである。カルタゴはケルクアーヌの町とこの墓地を共同で使った。。

(1) 参考文献【6】、二四一〜二四二頁参照。

たとえ儀式が変化したとはいえ、副葬の調度品は依然として同じ型のものであった。すなわち、壺、宝石、お守り、マスク、テラコッタ製の小彫像（プロトメ）、最後に、彩色されたダチョウの卵である。しかし、もっと豊かな副葬の調度品をもつ火葬墓もあれば、ほとんど何の調度品も一緒に葬られていない墓もいくつかある。エレーヌ・ベニシュ＝サファルによると、死後の生活に関して二つの異なる信仰が向い合っていたという。くり返すと、それらの墓についての彼女の証言は曖昧である。

埋葬と同時に、碑文が一緒に立てられた。これらの碑文は一般に言葉が少ない。死者の名を挙げ、その地位や職業と、場合によっては系図を記す。墓は東地中海地方と同様に、平穏や休息の場所であり、あるいは、死者にとっての「永遠」の場所と考えられた。墓は死者の住居である。

死者と一緒に葬られた副葬の調度品は、死者に現世の生活を思い起こさせるものであったにちがいない。お守り、マスク、そして小彫像（プロトメ）はまたいろいろな悪意（の力）から死者を守るものであったにちがいない。

死者の埋葬に伴う儀式は、「生者のあいだに」(これはフェニキア人のいくつかの葬儀の碑文に見出される表現である)もはやこの世にない親しい人の記憶をなまなましく保つ役割を負った。しかしあの世の生を可能にする信仰があったかどうか、問題は残る。つまり名指しがたい形の信仰があったかどうかはわからない。

二つの碑文の言及——一つはフェニキア語で、もう一つは新カルタゴ語の「レファイム」(母音の付加は慣用による)、つまり祖先の霊(ずっとあとの時代のラテン語で地下の神々を意味する、マネスに相当)——から、ある遺物には信仰が明らかにされているように思われる。墓に安置されたいくつかの品物——たとえば生命の象徴としてのダチョウの卵——からは、それが確認される。最後に、霊魂が迎え入れられたと言われる信仰の別の世界(あの世)の存在は、いくつかの葬儀の絵画に基づき想像される。かくしてジェベル・ムレッツアの墓地——ボン岬にあった——の第八号墓の壁の上に、とりわけ霊廟から銃眼をもつ防御壁(メルロン)のある囲壁の都市へと向かう雄鶏が描かれている。M・H・ファンタールによると、霊魂——雄鶏はしばしば死後に関係づけられた——が死者の町へ旅立つところであった。死者の祭儀についてのわずかな手がかりは、古典の著作家の文章からも引き出される。

第八章　政治制度と公の職務

カルタゴ市を支配した諸制度についての古代の情報源は――間接的であろうと、直接的であろうと――大部分がほぼ前五世紀以後のものである。カルタゴの諸制度について古代人が下した判断は、プラトンの理論まで遡るが、それによると、一般にカルタゴに対して好意的であった。彼は「いにしえの人びと」に従って、カルタゴの政体は、混合政体であった、つまり安定した政府の理論的モデルであった、と述べている。

I　アリストテレスによるカルタゴの国制

とくにアリストテレスの『政治学』（前三三五年頃）第二巻と第五巻は、アフリカの都市カルタゴの「国制」についての他からは得られない情報源である。しかしその他の古代の著作家の何人かは、カルタゴの組織について暗示を残すにすぎない（シチリア島のディオドロスや、ユスティヌス、そのもとはポンペイウス・

トゥログス）の著作などが典拠としたのは、ティマイオス、ポリュビオス、アッピアノス〔ギリシア語〕、そしてとくにリウィウス〔ラテン語〕である）。

アリストテレスは『政治学』第二巻において、より良い国制の一つの例がカルタゴの国制であったと述べるが（彼はカルタゴの国制をスパルタおよびクレタの国制と比較している）、その長所をいくつもの権力のあいだの均衡のとれた国制と見た。実際にカルタゴの国制は王政、貴族政ないし寡頭政、そして民主政の最良の国制の各要素を一つに集めたものと言われる。政府の長には二人の王、つまりバシレウス（複数はバシレイス）がいて、王の側面を固めたのは、長老会（ゲルーシア）――一〇五人の評議員団ないし裁判官団（彼らはまた「一〇〇人の最高政務官」と呼ばれた）――、そして住民（デモス）の民会で、これこそが民主政の要素であった（『政治学』、XI、七）。国民の評議会の権力はきわめて広範囲に及んだ。二人の王は民会に問題を提起する権限を持ち、すべての市民は民会において発言できた。

アリストテレスはまた政務官職には給料が支払われず、政務官はその功績と人口・財産調査の結果に基づいて選ばれた、と述べるが、それこそが少数者による独裁の特色というものである。もう一つ重要な特徴があるが、それ自体は哲学者アリストテレスによって批判された。その特徴とは碑文のデータによって支持されているように見えるが、同一人物が一つ以上の職務を行使できたかもしれないということである。最後にアリストテレスは五人のメンバーから成るいくつもの委員会を挙げる。各種の五人委員会は、選挙で選ばれ、数多くの重要案件に決定を下す権力を持った。

アリストテレスによって紹介されたカルタゴの国制は――前四世紀の状況であったが――、必ずしも永久不変のものではなかった。確かに哲学者アリストテレスは、第二巻においてこのアフリカの一都市の政府は安定していたと賞賛するけれども、第五巻においては、ハンノーなる人物に君主制を築く企てがあった、と暗示し、僭主政の存在さえ証明する。アリストテレスがその著作を編集したあとの段階で彼がもっとよく知るようになった、諸制度にある発展があった兆候でもあろうか？

この発展がなんであれ、それを正確に描くことは、非常に不確かな結果しか生まない仕事である。そのうえにまたアリストテレスのきわめて短い叙述とその他の著作家の情報とを完全に一致させることは難しい。たとえば、ポリュビオス（『歴史』X、一八、一）は、二つの民会、ゲルーシアとシュンクレートス——もっと人数が多かった——の名を挙げている。リウィウス（『ローマ建国以来の歴史』XXX、一六、三）は、元老院と三〇人の元老院議員のより制限された評議会——彼はそれを「聖」と名づける——を挙げている。こうして少なくとも第二次ポエニ戦争の時代には、住民の民会の側に制限された二つの民会が存在しただろう。

ギリシア語、あるいはラテン語の著作家の情報を文化的に異なった、カルタゴの現実に移すことは微妙な仕事である。いろいろの碑文の証言は、部分的に助けとなることもあるが、しかし異なる言語で述べられた同一の職務と制度の身元確認は、しばしば問題を引き起こすから、自由に使える判断の素材をさまざまに提示することが、これからも試みられなければならない。

Ⅱ　王とスフェト〔執政〕

カルタゴの歴史上最初の時代の政府がどんなものであったか、まず問題となる。各種の政務官は、世襲ではなく選挙によって選ばれたが、いったい誰が政務官になったか。アリストテレスは、その他のギリシア語やラテン語の著作家も、政務官を王（バシレイス〔ギリシア語で複数の王を意味する〕）あるいはレーゲース〔ラテン語で王〕と呼び、二名の定員と定められていたらしいと述べている。

原初のカルタゴにおいて、君主政体が存在したことを立証するために、まず第一に引用されるのは、カルタゴ市建設の伝説である。すなわちエリッサは女王であった。彼女はある国、つまりフェニキア起源の諸都市では、すべて世襲の王朝によって支配された。君主制がキュプロス島のフェニキア人都市においても充分立証される。しかし現存の多くの情報を注意深く分析すると、いまやカルタゴの歴史には事実上の最高権力者、つまり君主は一人も立証されない。

とりわけ[1]、いかなる直接の記録も――カルタゴにおいてであろうと、西部のそのほかのフェニキア人の場所においてであろうと――、王という語は使われていない（フェニキア語でミルク milk）。逆に少なくとも前五世紀の終わり以降、カルタゴでは高い地位の役人は、一年任期で選ばれたスフェトであった。スフェトの語根は――フェニキア語の supet を再現するもの――、「職権を行使する、統治する」を意味するが、また「裁く」も意味する。ラテン語でsufesと転写されるこの語は、おそらくはギリシア語でバシレウスと翻訳されただろう。バシレウスは同等の職権を持たない、ラテン語では王（レクス）あるいは将軍（ドゥクス）あるいはプラエトルと代わるがわる翻訳され、最後にsufesの転写が採用された。スフェトはときにオリエントにおいて最高の職権を行使する。「裁判官」sopetim――イスラエルにおいて、例外的な強い権力を持った首長――は、同じくフェニキアにおいても立証されている。フラウィウス・ヨセフス（『アピオンを駁す』一五六～一五八）は、テュロス（前六世紀）スフェトによって八年間支配されたと語る。東地中海において発見されたは、――前四世紀から前三世紀にかけて――は、この職務に言及している（テュロス、キティオン、ル・ピレーにおいて）。

（1）参考文献【16】、五六五～五六七頁参照。

カルタゴで発見された碑文によると同一の家系図内に多数のスフェトがいたことが知られている。最も興味ある例は、二人のスフェトが年号をつける名祖の役割をしている例である。カルタゴ市の最高の職権がこれら二名の政務官に委ねられた証拠であり、彼らは毎年新しく選ばれる。この政府の組織は、フェニキア起源のすべての都市の組織そのものであったにちがいない。すなわちカルタゴ滅亡後のレプティス・マグナやティニスゥートにおいて、サルデーニャ島のスルキス（前四世紀～前三世紀）、タロス（前三世紀頃）、ビティア（後二世紀！）においてもスフェトがあったことが知られている。ローマ帝政時代、スフェトは属州アフリカの地方自治都市の政務官であった。

カルタゴにおいてスフェトの統治がどの年代まで遡るか、何も知られていない。碑文に含まれる家系図を基にして、前六世紀にまで遡ることは可能と想像される。ほぼ前四〇〇年の年代を持つ一つの碑文（CIS I、五六三二）は、スフェトを二〇という年と結びつけているが、それに基づいてシャルル・R・クラーマルコフは、この二〇年という数はスフェト職制定の年を定める規準になると想像した。しかし、単なる仮説にすぎない。近東のさまざまな伝承によると、たぶんスフェト職の前に「統治者」がいただろう。けれどもその証拠はこんにちに至るまでまったく発見されていない。

スフェトの特権はなんであったか？　アリストテレスによると、スフェトは元老院を招集でき、元老院を主宰し、元老院に論じるべき諸問題を委ねた。スフェトはまた国民の民会を招集したにちがいない。またスフェトはおそらく各種の司法上の職権をもった。誰がスフェトを選んだか、これはいまなお未解決の難問であるが、前三世紀にはたぶん民会が選んだのであろう。

もしスフェトが古典の文章の「王」に相当するなら、彼らは軍事遠征を指揮したこともありえただろう。しかしあるとき以後、この特権はスフェトから取り上げられたと思われる。すなわち、第二次ポエニ戦争のあいだ、ハンニバルはスフェトではなく単に「将軍」（ストラテゴス〔ギリシア語〕）であって（ポリュビオス『歴史』VII、九）、それよりずっとのちの前一九六年にようやくスフェトに選ばれている。

III　カルタゴの民会

1　長老の評議会

アリストテレスやその他の著作家によると、〔ローマの〕元老院に相当するカルタゴの集会を表現するためいくつかちがった語が用いられた。すなわち、ゲルーシア〔長老会〕、ブーレー〔評議会〕、セナトゥス〔元老院〕である。ポリュビオスが使ったゲルーシアとシュンクレートスとの関係は、ティトゥス・リウィウスの使うセナトゥスとコンシリウム〔もとは助言の意〕との関係に相当することをすでに見た。すなわち、より制限された評議会が〔ローマの〕元老院〔ゲルーシアであった〕の内部に存在したと言われる。長老の評議会ないし元老院は、新しい時代のギリシア人の制度から模倣して創設された、と想像されてきた。しかし、長老の集会は、初期のフェニキア人の建設になる植民市から存在したと充分想像できるが、もともと近東地方には伝統的に知られていなかった。レプティス・マグナ発見の新カルタゴ語で書かれた複数の碑文〔すなわちカルタゴの破壊よりもあとの〕は、ʼdr ʼlpqy wʼm ʼlpqy、つまり「レプキの国民とその実力者／有力者」と呼んでいる。この表現は、ラテン語のオルドー〔＝地方自治都市の元老院〕およびポプルス〔国民〕に相当した。新カルタゴ語とラテン語の二カ国語の一碑文は、元老院議員を ʼrš hslky——文字通りに訳すと「スルキスの選良」——と呼んでいる。同一の制度を説明するためにこれだけの表現法があったことは、フェニキア語で「元老院」と完全に一致すると強く感じさせる語は、一つとしてないことをはっきり示す。この確認が正しいとすると、フェニキア人とカルタゴ人の民会の表現には、すでに古典作家の著作にさまざまな表現の揺れがあった、と説明できる。モーリス・スニセールによると、元老院議員たちはみずからを「カルタゴの長老」としたということであろう。

アリストテレスによると、カルタゴ元老院は市民生活のあらゆる問題を決定した。採用されるべきさまざまな決定について、もし意見が一致しない場合、決定は全国民の民会に委ねられる。

2 全国民の民会

全国民の民会は、長老の協議会と同様に、東地中海地方の母国にまでその起源を遡る一つの制度であったにちがいない。このような集会は、フェニキアにおいてごく単純に **'am**「国民」の名をもったこと、そしてその結果、この集会はその名を保持しつづけることができたと思われる。モスカティ(1)やスニセール(2)の碑文研究によると、この集会のメンバーは、**'s b'm** の表現、つまり文字通り所属する都市とその地名に続けて「……の全国民に属する人」を意味する表現を持っただろう。

（1）参考文献【14】。
（2）参考文献【16】参照。

カルタゴにおいて、全国民の民会は――ユスティヌスによると（XVIII、七）――、マルクスがサルデーニャ島から戻って来てカルタゴを攻囲し、息子のカルタロンに会うことを強く要求したとき、招集された（前六世紀か？）。この挿話にはもう一度、神話と歴史のぎりぎりの境が見られる。ずっとのちの、前四世紀のアリストテレスは、全国民の集会とその権力についての情報源であるが、彼によると民会はスフェトの発意によって公共広場――アゴラないしフォルムにおいて――集会を開いたにちがいない。しかし、その場所は依然として現地では確認されていない（その場所のフェニキア名は、後一世紀のレプティス・マグナ出土の碑文に基づくとmhzであった可能性がある）。

バルカ家の時代に（前三世紀以降）、全国民の民会はいっそう広範な権力をもち、元老院のお株を奪ったと思われる。最も頻繁に引用される例は、裁判官の法廷に関するもので、この法廷はその当時まで終身のメンバーによって構成された。ハンニバルの発意によって全国民の民会は、裁判官が任期一年の権限を持つとする法律を可決した（ユスティヌスXXXIII、四六）。この時期には全国民の民会が将軍を任命した（ポリュビオス『歴史』I、八二、一二。ディオドロス『歴史書集成』XXV、一八）。

この民会の構成については何一つ知られていない。おそらく国民の一部分を構成した「完全な権利をもつ市民」だっただろう。しかしたとえこの呼称が実情に合っているとしても、カルタゴの現実にあてはまるかどうか、やはり曖昧さは残る。

3　一〇〇人評議会、あるいは一〇五人評議会

たしかにアリストテレスはこの集会について述べているが、彼はその諸権限を明言してはいない。そして彼はこの集会のメンバーをスパルタのエフォロイと比較する。この集会は「一般に」一〇〇人の裁

判官の法廷と同一視されるが、この法廷はユスティヌスによると（XIX、二、五、六）、マーゴー家の権力と均衡を取るために前五世紀のなかば頃に制定された。彼によると、この法廷の裁判官らは「元老院議員のなかから選ばれ、戦争が終わるごとに将軍は彼らの作戦行動についてこの法廷に報告しなければならなかった」。これら裁判官の権力は、ときがたつにつれ徐々に大きくなった、と言われる。しかし、すでに見たように、その権力はハンニバルの発意に基づいて制限された。

4 各種の委員会と役人

アリストテレスによると、五人のメンバーの委員会、「五人委員会」が各種存在し、さまざまな仕事を任された。しかし確実に碑文で跡づけられるものは何一つない。いくつかの場合に、特別の任務を持つ個人のグループをいろいろと挙げている。たとえば「マルセイユの価格表」と呼ばれる文章（KAI、六九）は、カルタゴ人の聖域へ動物と果物を捧げるさいの供物についての規定を取り決めているが、「費用係に任ぜられた三〇人」を挙げている。カルタゴ出土の一碑文（CIS I、一七五）は、「各種の聖域に任ぜられた」一〇人に言及している。その他の史料は、特別の仕事に従事するよう任命されたいくつかの委員会についても情報をもたらす。たとえば、ポリュビオスは（『歴史』I、八七、三）将軍ハミルカルとハンノーの両人を仲直りさせる任務を帯びた三〇人の委員会を挙げている（前二〇三年）。

最後に、いくつかの碑文は、何種類もの役人――彼らの地位はさまざまであった――が場合によっては同僚団に分けられた、と述べる。最も重要なものとして、その職務は依然としてはっきりしないが、

rab（複数は rabbim）と呼ばれた役人がいた。それは文字どおり「有力者」ないし「長」である。彼らは碑文においてときには単独で、あるいはスフェトと一緒に b 'tr つまり「r の時代に」という表現で名前が挙げられている。その表現で r は、その年を示すためである。r は rab の語か、ないし rabbim の政務官職を示す名詞の省略形である。定員は一般に二名で、彼らが言及されるとき、しばしば「彼らの同僚団とともに」を意味する表現が次に続いている。それゆえに一種の同僚団が彼らに随行したらしい。ときとして rab の語は補足語が次に続き、その意はいっそう正確になる。rb mhnt（おそらく正しくは rb mahnot）は、「軍隊の長」であり、同じく rb khnm は「司祭の長」もしくは大司祭であり、さらに rb sprm は「書記の長」である。rab の語に代わって、'addir 'dr の語が見出される場合がある。その意味も同じようなものである。たとえば、ゴッゾ島出土の碑文（CIS I、一三二）は、（再び名祖の名として）'dr 'rkt ないし「出納長」を挙げているが、それに関してはローマの監察官と同一と見なされる。

その他に何人か役人がいた。おそらく「会計係」は、ローマの造営官〔アエディリス〕に相当する「検査官」である。最後に、数多くの職務の名が碑文に現われる。最も頻繁に現われるのは、宗教的な職務で、その性質から見て、ほとんどいつも奉納に関する職務である。彼らは大都市の組織を示しているが、それをさまざまな職務の単純なリストよりも詳しく描写するには、適切な文脈が欠けていて、難しい場合が多い。

第九章　社会の仕組み

高級政務官職と役人については、いま述べたばかりであるが、前五世紀から前二世紀前半のもので、とくにトフェトから出土した多くの碑文は、種々雑多な、そして複雑な社会階層をもつ大都市の住民がいたことを明らかに示している。そのなかでも家系のはっきりする個人は、特定の社会的地位を示す語がなくても、自由身分の人びとであったにちがいない、と想像できる（'s b'm と表現されている。一〇八頁参照）。それ以外の個人は、彼らの名が従属を表わす表現であると追跡が可能である。すなわち 'abd（奉公人、奴隷）やその女性形 'amot で表わされる人びとがいた。いろいろな個人は第二番目にくる人に「所属する」（šē）と表現されている。これらの表現（法）のはっきりした意味はわからないが、場合によっては社会のさまざまな現実にあてはめることができる。たとえばある神に仕える人、あるいは奉仕する女性の役割は、個人に「仕える人」の役割とはちがった。ger つまり「庇護民」の語で明確に表現される人びとがいたが、おおよその意味で訳すと、高い地位にある人物の家に所属する取り巻き連となる。

男女の「奴隷」は、さまざまな理由があって、そしてあまりはっきりしない手続きによって解放されることもあるが、しかしまた、たぶん全国民の集会の承認を必要としただろう。一つの碑文は、ある奴隷の「無償」解放についての情報源となっている。その本文は、奴隷が身代金（贖い金）を支払わなかったと暗示している。この碑文は、普通、奴隷を自由にするさい決議が彼の住居に掲示された、と明言している。

多くの職人がいろいろな碑文で引用されている。たとえば「書記」である。彼らの職務は、確かに重要で、ときとしてある聖域と関係した。そして「建築家」、「大工の親方」、さまざまな生産物を商う人、金や銅の金属精錬工、染色人、船乗りなど。これらすべての人が必ず「自由人」であるという義務はなかっただろう。ときとして彼らの名には、小辞 še が続き、次にくる固有名詞が示す人に「属する」と表現する。これらの職人の名称、また住居の遺跡、つまり金属加工職人の仕事場、陶工の炉、緋色染色のための設備、宝石や象牙細工の仕事場の遺跡、港の地区の設備などから、ヘレニズム時代のカルタゴの生活をある程度は正確に再現することができるだろう。

第十章　海軍と陸軍

カルタゴは通商の目的で誕生した都市であって、早くもその生涯の最初の数世紀のあいだに、地中海の主要な海上勢力の一つにのしあがった。カルタゴがその全歴史を通じて努力したことは、海上交易の周航路や交換の要路の主《あるじ》になり、ひいてはその地位に長くとどまることであった。こうしてカルタゴは重要な艦隊を――通商のためであろうと、戦争のためであろうと――維持し、海上において優位を保持した。カルタゴの優位は、ローマ人によって、しかもローマ人だけによってついにその生涯に終止符が打たれた。カルタゴが前三世紀に、とりわけ前二世紀に、地中海のさまざまな港において行なってきた仕事は、カルタゴ海軍だけが担うことのできた必須の役割を十二分に示すものであった。

カルタゴ人は商品と人の輸送のために二つのタイプの船を採用したことが、いずれにせよ古代のいろいろな図像から（前八世紀終わりのニネヴェの浮き彫りやヘレニズム時代の鋳貨など）、また古典時代の複数の文章からもわかっている。まず始めに、ギリシア人がガウロスと呼んだ船である。この語はおそらくセム語で、のちに、あるいは地名のGwlとして再び見出された。Gwlはゴッゾ島（古代のガウロス島）を表わすフェニキア名である。「丸くなっている」を意味する語根と関係づけられる。アッシリアの図像によると、船は太鼓腹をしていて、帆がなく、オールで進む船である。もう一つの輸送船は、マストを備え、細長い外形をしていて、船首は馬の首の形で終わっている。この形のせいで、その船は「馬」〔ギリシア語でヒッポイ（複数）〕と呼ばれる。これらの船は、それ自体アッシリアの浮き彫りに描かれていて、とりわけストラボンの文章にも言及された（『ギリシア・ローマ世界地誌』II、三、四）。彼の文章は前二世紀に（彼が伝える挿話の年代である）、そのような船がごく普通の漁船になっていたと教えているように思われる。

カルタゴの艦隊は、古代の文章と図像がいくつかあるおかげでよく知られるが、これらの史料がカルタゴ人の採用した各タイプの船を再構成するさいに、すべての最適な細部を与えるわけではない。それでもマルサラ沖において回収された難破船の残骸は、前三世紀に遡り、ホノール・フロストによって再建され、貴重なものとなっている。

カルタゴ艦隊の艦船数が多かったことは、海戦のさいに古代の著作家によって伝えられた数――その信頼性はいつも疑われてきた――から充分にうかがえる。六〇隻という数字がしばしば挙げられるが、ヒーメラの戦いのときは、艦隊数は二〇〇隻に達していた（ディオドロス『歴史書集成』XI、一、五と二〇、二）。この数字は、カルタゴ人の軍港についてのアッピアノスの叙述に適合する。彼は艦船団の二二〇基の造船台を数えているが（『リビュア史』、九六）、その数字は考古学が見積もった数に近い数である。伝えられる数字は、およその数であるが、それだけに信頼に値すると思われる。

艦船のタイプについては、最もよく知られているのが、トリエール（またはトリレム）、すなわち三段櫂船で、漕ぎ手の席が三階段になっている。このタイプの艦船は、前五世紀以降に流行したと思われる。このタイプの船を改善したものが四段櫂船で、それから五段櫂船になり、のちカルタゴ人の典型的なタイプの艦船になった。その名称からして、漕ぎ手の座席が五つあったと想像される。けれどもそれを具体的に表わすことはできないと思われる。おそらくこの艦船はオールが二列に並んでいたであろう。一本のオールには二名の漕ぎ手、もう一本のオールには三人の漕ぎ手がいたと思われる。

海戦のやり方は、敵の艦船を沈める目的で衝角をぶち当てることにある。すなわちこの目的でカルタゴの艦船は、その船首に鋭く尖った衝角を備えており、しばしば曲がっていて、ときには三叉の矛の形をしていた。それについてはニネヴェのいくつかの図像がある。またバルカ家の鋳貨やそしてマルサラ沖の〔回収された〕船の残骸も残っている。

後者の船には漕ぎ手の列が一列しかないが、戦艦を構想する方法として容易に理解できて貴重である。すなわち、船の部品の一片一片ごとに、フェニキア・アルファベットの文字が塗料で塗って印がつけられていた。船の各部品ごとにその位置を示すためであった。こうして組み立てはいっそう容易になった。このような方式は、なぜカルタゴが早急に艦隊を建造し、また再建できたか、理由の一つを説明するものである。

すでに見たように、カルタゴ人の海上の優位は、彼らの操船の能力と彼らの衝角を持つ艦船の強さに負ったのであって、その強さはローマ人が「からす」を発明してカルタゴの艦船をほとんど無力にするまで続いた。この「からす」は、敵の船をちょうどくちばしで引っかけて〔兵を敵船に乗り込ませ〕船上の戦いを一種の陸上の戦いに変えるのに成功した。けれどもローマ人がカルタゴ人の艦隊に抱いた恐怖心は非常に大きかったので、第二次ポエニ戦争が終わると、ローマ人はカルタゴに艦隊を焼き払うように強硬に求め、一〇隻の艦船しか保有を認めなかった（考古学上のデータはこの点とは一致しないが）。

カルタゴ人の陸軍はその艦隊と違って、ギリシア人やローマ人の軍隊よりもっと弱体であったと考えられた。とりわけカルタゴの臣下や同盟者から傭兵を大量に採用し、市民兵が少なかったことが原因に挙げられた。ごくおおまかに総括すると、おそらくそのように断定できるだろうが、年代順にカルタゴ軍の発展を考慮したり、そのときどきの現実を考えに入れることなどは、なおざりにされている。すなわちヘレニズム時代の強国自身もまた傭兵軍を使ったのであるが、それにはいろいろと優位（強さの保障）や難点（忠誠が疑問視された）がついてまわった。たしかにカルタゴは、しばしばその軍隊の不誠実を耐え忍ばねばならなかった。傭兵軍の反乱は、彼らの不誠実の最も鮮明な表明であったが、しかし反乱が唯一のものではない。

カルタゴ市民自身もまたカルタゴが率先して行なった戦争に参加した。ティモレオンと戦った二五二〇人の「神聖大隊」の存在がディオドロスによって知らされている。この軍隊の側には、同盟国の兵士、臣民の兵士、傭兵軍がいて、種々雑多な出自であった。すなわち、リビュア人、ムーア人、イベリア人、バレアレス諸島人、リグリア人、ケルト人、エトルリア人、コルシカ島人、サルデーニャ島人、カンパニア人、ギリシア人が含まれ、彼らは時と所と状況に応じて戦いに駆りだされた。これらの臣民は、同盟国民や傭兵と同じく給料をもらったが、給料は軍隊のタイプに従って差があったにちがいない。

軍隊の主力は重装と軽装の歩兵隊から構成された。このような兵士は武装が均一ではなく、兵士の出自によっても武装が異なった。

カルタゴ人は歩兵隊の側に戦車隊を採用した。つまりそれは古風な部隊であって、少なくとも前三世紀以降、ヌミディア人、ときとしてイベリア人、さらにはケルト人によって構成された騎兵隊が取って代わった。

象はカルタゴ陸軍に特有のものと考えられたが、前二六二年にピュロスの軍隊をまねてようやく導入されたにすぎない。アフリカ象はインド象より小さかったが、手近で間に合わせることができた。象の役割は重装歩兵隊が敵の戦列を突破するのを助けて、支援することであった。

カルタゴ人は戦術を展開するにあたって、ときとしてギリシア人の顧問たちを使った。一つの好例が第一次ポエニ戦争時のスパルタ人クサンティッポスが果たした役割である。カルタゴ陸軍は集会を開き、その権限は必ずしもよく知られていないものの、将軍の死にさいして、後継者を選ぶ権利を持った。けれども後継の将軍は、全国民の民会によって任命されなければならなかった。

将軍（「陸軍の長」と呼ばれ、ローマ時代には執政官を意味した）は、最も高い社会層に属した。将軍はその定数に制限はなく、たぶん非常に広範な役割を担っただろう。すでに見たように〔本書一〇九頁参照〕、前五世紀以降、将軍は遠征が終わるや、軍事作戦を一〇〇人評議会に報告しなければならず、評議会が将軍の指揮を適切でないと判断したとき、死をもって罰することさえできた。

一般に「下士官」は彼らが指揮する隊の民族に所属した。

第十一章　商業と農業

熟練した船乗りはまたすぐれた商人である。フェニキア人やカルタゴ人の典型をこのように描くのは、ホメロス以来の伝統であった。それは典型のごく一部にすぎず、実際はもっと複雑であった。いずれにしても、植民市建設の現象が起こった本質的な原因に通商というやむにやまれぬ目的があったことは紛れもない。フェニキア人は、新青銅器時代以来の商人の典型的な相続者だったが、それを鮮烈に思い起こさせたのは、トルコ（ゲリドニュア岬とカシュ岬）沖で発見された難破船の漂着物である。フェニキア人は輸出入業者であり、また仲介業者であった。初期の大航海時代の交易は、貴族、そして名門の家系など支配階級の人びとのあいだに確固として確立していた規則にしたがって広く行なわれた。しかしいつの時代も商業と海賊行為とを区別するのは不可能である。状況は西地中海と東地中海でも違っていた。植民市建設の開始期には国家が率先して乗り出したが、そのような状況は、私人としての個々人の企てがすぐ取って代わった。交易の場所として（しかしまた経済をうまくまわしていくものとして）各地の大神殿などの聖域が重要な役割を果たした。

フェニキア人とカルタゴ人が営んだ通商の商品や、アフリカで交易がどのように行なわれたか、いろいろな史料が描いている。典型的な例として、偽スキュラクス（前四世紀）の文章があるが、その文章によると彼の典拠は前六世紀まで遡ると考えられる。彼によるとヘラクレスの柱を越えてアフリカの土着民（「エチオピア人」と呼ばれている）とフェニキア人とのあいだで交易が行なわれた。ここで言うフェニキア人は（おそらくカルタゴ人か？）、香油、宝玉、陶器（とくにアッティカ陶器）を運んできて、代わりにいろいろな動物――ガゼル、ライオン、ヒョウ――の皮や象牙、そして偽スキュラクスの著者が言うには、ワインを受け取った（すでに土着民にワイン作りの技術が伝えられたのだろうか？）。

アフリカの住民との通商法については、ヘロドトスが述べている（『歴史』Ⅳ、一九六）。彼は無言のうちに物々交換をしたと語り、また土着民の支払いは金――貴重な原材料である――だとも言及している。ガラマンテス人を仲介としてリビュアにおいて行なわれた通商は、同じく古代の史料によって立証されたが、いまは考古学調査によってようやく明らかにされつつある。

上に述べた交易について、直接の情報が得られるかどうかは、一部の偶然に発見されたもの次第である。最古の時代はどうだったかと言うと、とりわけ（エウボイア島やコリントスの）陶器が立証しているように、ギリシア人、とくにエウボイア人の役割をすでに強調しておいた。その他にもアンフォラ、ブッケロ陶器――エトルリア人の世界との関係を示す――、そしてサルデーニャ島のヌラギの陶器が見つかっている。サルデーニャ島からは同じく金属も輸入されたにちがいない。エジプト人の世界との交易は、アーケイック時代（前八世紀末～前七世紀ないし前六世紀）以来ずっとのちの時代に至るまで行なわれた（雪花石膏製品、ファイアンス陶器）。

前五、四世紀以降の交易は、どの方向へ向かっていたか、それを示すのはつねに輸入陶器である。まずアッティカ陶器、次に南イタリアの——とりわけカンパニア地方の——陶器であったが、この陶器の模造品はカルタゴでもすぐに作られたらしい。そしてロドス島の刻印のある陶器がカルタゴでも見つかっている。カルタゴの商業用アンフォラが地中海全域に普及したことは、ワインとオリーヴ・オイル——カルタゴの領土から発した（農業の項参照）——と魚の加工品の輸出があったことを示している。ビュルサの丘においてカルタゴのアンフォラがギリシアのさまざまな特徴を持ったマーゴーとアリスの人名（最も頻繁に使われた名）とともに見つかったということは、それらの商品の中身がカルタゴの外の市場に向けられていたことを示している。カルタゴ語でマーゴーの名をもつ地方の陶器のいくつかの断片は、中部イタリアのアルデアより出土している（奉納の寄託品のなかに）。この発見は、前三世紀においてカルタゴの商品がラティウム地方に存在したことを示している（プラウトゥス作の『カルタゴ人』の有名なハンノーはそのような文学的な作品の一例である）。

バレアレス諸島の地域で発見された難破船は、前五世紀と前四世紀のあいだのものだが、取引された産品の多様さ、しかも同一の船によってさまざまに異なる港から運ばれてきた産品の多様さを証言している。とりわけ注意を促されるのは、カルタゴの沖で発見された難破船の残骸で、その船はなかでも錫、鉛、名前が彫られた象牙——象牙製の生産品を制作する原材料——を積んでいた。(1)

(1) 参考文献【17】、一三八～一三九頁参照。

カルタゴ人は船乗りにして商人、そして同時にギリシア人やローマ人からは高く評価された農民でもあった。カルタゴは前五世紀末にシチリア島であまたの敗北を喫したのち、それだけにいっそうアフリカ領を拡大し、組織することに没頭した。その努力は領土的・行政的な観点から、また土地の耕作という観点からなされた。けれども後背地の農業開発は、確かに対外的な失敗だけのせいではなかった。国家経済における農業の役割は、まだ時期尚早であった。

カルタゴに直接服属した領土は、ずっと遅い時期のラテン語碑文に名前が挙がっている「地区」（パグス）に基づいて再構成される。それら地区は、以前の時代の組織を相続するものであった。防衛の全組織、あるいは海の側において、あるいは市内においてカルタゴを守っていたことが、一部確認されている。すなわち、南部と西部において、ローマの「長城」（リーメス）は、ギリシア人の歴史家の断片やアッピアノスの引用した文章（『リビュア史』五四）によって名前が挙げられた「フェニキア人の溝」の道筋に沿っていたにちがいない。これらの土地はカルタゴ人によって、あるいは直接に、あるいは間接に開発され、耕作された。小麦などの穀物の耕作は、この地域の土地のタイプや雨水の利用方法にうまく適合するもので、リビュア人の手に委ねられたらしい。一方、カルタゴ人の土地所有者は、より直接的な方法で、より専門化された生産、たとえば果樹栽培やブドウ栽培に取り組んだ。

果樹栽培やブドウ栽培、それに家畜飼養は、おそらくカルタゴの周囲において、とりわけボン岬の地域に集中して行なわれただろう。アガトクレスやレグルスがアフリカの土地で戦ったときの、古典の史料はきわめて正確に軍隊が横切っていった庭園、果樹園、富裕な田園の邸宅、家畜飼養の土地について述べた。すなわち、メガラ地区（現在のガマルトか？）は、カルタゴ市の北の縁にあって、よく耕作された肥沃な土地の典型例である。カルタゴ人の土地所有者は、市中に住む場合もあっただろうが、同じく田舎にも住居を持ったのである。古典の史料はいくつかの要塞（サステラ）とトゥレス――たぶん防備が施されたであろう農家――に言及している。とりわけ郊外にあってオリーヴ・オイルを生産したヴィラは、その好例で、ファンタールはそれらをガマルトにおいて発掘している。

カルタゴ市周辺の領域は、小さな町、ないし村が多く集まっていたにちがいない。田舎の中心地の貴重な例として挙げられるのは、とくに農業的な中心地ではないが、ボン岬に位置したケルクアーヌの町である。国立チュニジア考古学・芸術研究所によって、ファンタールの指揮下に、入念に発掘された（現在は国立遺産研究所となっている）。ケルクアーヌの町は、前六世紀に建てられ、初めはアガトクレスの兵士たちによって、最終的にはレグルスの兵士たちによって破壊され、その城壁や街路、そのさまざまなスペース（広場か？）、そして聖所と快適な家、つまり健康によい、見事な入植地のすべての設備をもって入念に建てられた田舎の中心地の例を示している。ケルクアーヌは、それとはっきり見分けられるいくつもの階級の人びとが居住し、それに加えてとりわけ役人や市民生活と宗教生活の組織に必要だった、職人、とくに陶工たちが住んだ（陶工の炉が再発見されている）。

土地耕作と家畜の飼養の技術的な分野において、カルタゴの高い名声は、マーゴーの有名な論文によって立証される。この論文は、カルタゴ市の蔵書のなかでも翻訳される価値のある唯一の作品である。この人物がいつ生きたかは知られていないが、前四世紀ないし前三世紀であっただろう。彼の作品の抜粋は、とりわけコルメッラ、ウァロー、そしてまた大プリニウスによって、こんにちも伝えられている。

第十二章　建築と芸術

カルタゴ人の社会を担ったさまざまな集団が生みだしたもの、すなわち建築物、芸術作品、そして職人集団をまとめて見通すことは、本書の目的から外れているけれども、少なくとも非常に重要でかつ特徴的な生産物だけはおおまかに述べたいと思う。カルタゴにおいてだけでなく古代の全世界で、絵画は墓の（数多くの同種のものが現存している）内壁の上に、そしてまた公の建物の仕切り壁の上に、そしてまた彫刻も、広範囲の仕事がなされたことに立ち返る必要がある。絵画の痕跡は、たとえばサント・モニク教会に所属したと言われる大理石製の有名な石棺の上に残っている。ガラス工芸——まずフェニキア人の世界に、それからのちにカルタゴ人の世界において特徴的であった——は、同じく特別に、なかでも技術的に研究する必要のある領域である。ここではきわめて広範囲に存在した多色ガラス製品の頭部、ならびに香油ないし香水を入れるさまざまな異形の小さな瓶や首飾りの部品を挙げておくだけで充分であろう。

I　建築と彫刻

カルタゴ市は絶えず繰り返し改造と破壊を経験したため、建築、とりわけ公共建築物に関してきわめて不完全なことしか知られていない。十九世紀と二十世紀初めの発掘のさい、そして国際的な発掘隊がカルタゴ市の都市域で行なった発掘――なお空白は多いが――の成果の一部がすでに述べられた（八五～八七頁参照）。すなわちエジプト式のゴルゴンとアイオリス式の柱頭（いくつかのギリシアの伝統の要素と結びついている）、そしてとりわけイオニア式の柱頭の仕事である。化粧漆喰が広範に使用された。そのためエル・アオウァリアの石灰石で制作された建築のさまざまな要素を洗練された装飾として使うことができた。カルタゴ市の建物の全体は、前五世紀と前四世紀以来、伝統的なモティーフをオリジナルのアジア的な近東と古典文化との混合を示したにちがいない。これら二つの伝統が結びついた例は、カルタゴ以外ではカルタゴ人西方のいくつかの記念物において認められる。すなわちサルデーニャ島においてはカラリス、ノラ、スルキス、そしてタロスにおいて、またシチリア島においては、部分的ながらすでにモテュアにおいて、リリバエウムに残っているものにおいて（リリバエウムはモテュアを引き継いだ）、アフリカにおいては葬儀の大建造物、ないし記念物（トリポリ地方）として再建された霊廟である。これらの霊廟は、前三世紀末から前二世紀のあいだに同定される。

聖なる建築物の外観についての証言は、トフェトのおびただしい奉納石板について得られる。最古の石板は、砂岩で造られた非常に単純なもので、ときに化粧漆喰で白く塗られ、しばしば抽象的なシンボルを描いている。一方、石碑（最も多く見られる例は、長方形をなしており、神性の象徴である）、場合によって壁龕のなかに置かれることもあった。しかし石板は間もなく（前七世紀末から前六世紀にかけて）、神殿の正面の形を持つようになり、二つの側面には柱を持っていて、その柱はときに柱頭が上に載っているが、それらの柱頭はその横顔がしばしばエジプト式のゴルゴン——単純であるか、もしくは翼のある円盤で飾られた——をもっている。聖なる蛇（ウラエウス）を持つフリーズは時に円盤を上につけている。この型の正面は、サルデーニャ島（ノラとタロス）において再現されるカルタゴ人の時代の礼拝堂に比較できる例を見いだす。石板によって表現されたこの建築物の内部は、抽象的な象徴物、つまり石碑ないしその他の形象物——瓶をさして言ったシンボル（その形のゆえに）——、あるいは菱形をしたその他の形で表わしたもの、あるいはとりわけモテュアにおいて（前六世紀）、同じくまたカルタゴにおいても、男女の人形の形象物によって占められているが、それらの形象物の描写の方法は、一部分彫像においても、あるいは浮き彫りにおいても、採用されているにちがいない規範に合致する（いくつか比較される例は、エジプト式の仕上げをした、ないし伝統的な象牙製品において、あるいは宝石彫刻の上に表現されたモティーフに見られる）。

実際に、フェニキアにおいては（レバノンのフェニキア人の諸都市はこれと同じ時代までひきつづいて破壊と改修とを被っていた）、また西地中海において、大きな立像の例はまったくといってよいほど欠けている。

現在われわれの手に残っているいくつかの例は、エジプトに関係する型〔モテュアの胴体彫刻〕、図像学においても、スタイルにおいても、フェニキア人の伝統をギリシア人の伝統〔異なる様式で確かに東地中海地方においても西地中海においても観察されるもの〕に結びつける型を示している。いまのところ比較するものがない一つの例外は――少なくとも前五世紀の初めに関して――、モテュアにおいて発見された若い男性の大理石像である。その立像は、固苦しい様式のギリシア人の作品の印象を写している。すなわちギリシア人の彫刻家たちは、おそらくカルタゴ人の世界において制作をしたが、しかしカルタゴ人のなかには同じく「古典的な」様式の作品を制作する人もいた。

ほぼ前四世紀以来、ギリシア文化の要素はいくつか確認される。比較的新しいトフェトの層から出土した石板は、もはや砂岩製ではなく、灰色の非常に小型の石灰岩製になっている。石板の上部には破風の形を戴いていて、しばしばアクロテル〔屋根飾り〕が置かれている。アクロテルは、その内部において、あるいは碑文か、または図像やヘレニズム時代に特徴的な様式の、きわめて種類の多い人物像を表わしている。たとえばタニト神のものと言われるようなシンボルのごとく、地方的なシンボル、祈りの印を示す高く挙げた手、アイオリス地方の様式の柱頭、これらはまたしばしば薄い浮き彫りで、もっとあとになると、切り込みの彫刻として制作された作品となっている。

この時期の彫刻は、いくつかの葬儀用の小さな立像か、あるいは大理石製か、あるいは石灰岩製の石棺――サント・モニク教会の墓地から出土――の類似のものが代表している。二つの伝統が存在した。すなわち、一つは様式と図像学に関して、フェニキア人とエジプト人の伝統に結びつくもので〔その起源は類人猿の石棺。エジプト化された図像については、女司祭と言われる石棺）と図像学と様式に関して、ヘレニズム時代の伝統と結びつくものである（サント・モニク教会の大理石製の石棺）。その他のより単純な仕上がりのものは、地方的な伝統に結びつけられるが、しかしおそらくは職人の店で制作されたいっそう荒削りな手仕事の結果と判断されるにちがいない。

II　象牙細工、宝石細工、お守り、青銅製品

これらの品物は、大部分が墓に保存された物である。象牙細工とフェニキア様式の青銅製の細工品は有名であった。このような伝統は、西地中海において続いた。これらの象牙細工は——一般にアーケイック時代（前八世紀末〜前七世紀ないし前六世紀）からのもの——、小彫像の形をした鏡の柄、いくつかの櫛、部分的にすかし彫りした板、ないし小さい板で、近東ないしアンダルシアにおいて発見されるものと似ている。すなわち、仕上がり（様式）がさまざまに違ったのは当然のことで、産地の仕事場に関し諸問題を提起した。小さい板はカルタゴで製造され、もとのままの象牙製の断片と同じ墓において発見され、明らかにされた。[1] 宝石細工、スカラベ、お守り、ならびに魔術的な碑文を持ついくつかの薄板——容器に収められた——は、同じく多くの墓から出土していて、アーケイック時代からより新しい時代までの年代がある。木の葉の形をした調度品の最初の起源は、その大部分がエジプトのものであるが、しかし

その制作は、大部分の場合、地方のものである。これらの品物にすべて結びつけられたフェニキア人やカルタゴ人の信仰とエジプト人の信仰とに関係があったかどうか、いまも不明である。青銅の細工品は、とりわけ前七世紀からカルタゴ市が生命を終えるまでの時代の手斧型カミソリが代表している。それらカミソリの形は、エジプトに起源を持つが、その機能は祭祀と関係があるように思われる。これらの品物はしばしば重々しさを表わし、特別な興味をひいている。なぜならこれらの品物は、くり返しになるが、図像学と表現の観点に立つと、エジプトと東地中海のフェニキア人の世界に、あるいはまた西地中海のカルタゴ人とギリシア人の世界に結びつけられ、そのことはしばしば同じ品物についても言えるのである。

(1) 参考文献【6】、九〇〜九一、一〇七頁参照。

Ⅲ 小彫像(プロトメ)(1)

陶工の活動はカルタゴにおいて非常によく立証される。すなわち窯が町の周辺で発見されたのである。陶工たちは、日常用の陶器類——時代ごとにタイプはさまざまに違った——のほかに、広い意味で宗教的な領域に頻繁に関係した陶器類は、すべて彼らによって生産された。前八世紀の末以来——しかし大部分の場合、前七世紀、とりわけ前六世紀——に多くの墓でその墓の調度品のなかで一連のマスクとテラコッタ製のプロトメが明らかにされたが、それらはカルタゴ以外の場所、とりわけモテュアにおいて、聖なる文脈でしばしば発見される。祭祀に結びつけられたこれらの（トフェト）品物の機能をもったことは確実であるように思われるが、しかしその機能を正確に述べることは不可能である。マスクはプロトメとは区別される。なぜならマスクは小さな穴をあけられた目と口とを持っているからである。マスクはいつもさまざまな方法で変形され、男性の顔を表わしている。多数のタイプに分類される。すなわち少し違ったタイプとしては、西地中海世界の多数の場所で発見された。その起源は、おそらくシリア＝パレスティナ地方のものである。プロトメは、あるいは男性の顔であり、あるいは女性の顔である。プロトメは所によって少し違うが、繰り返し現われるいろいろの型（タイプ）がある。女性のプロトメは、その図像学によって、エジプトの伝統と結びつけられる。だが前六世紀以来、プロトメのタイプは、イオニア式の痕跡をしばしば示す。おそらくギリシア人のシチリア島に由来したと思われる。

（1）装飾用の胸像、小彫刻〔訳注〕。

一連のすべての小彫像が存在する。最も好奇心をそそる生産品であり、キュプロス島へと起源は遡るが、その身体はろくろで制作される人間の像である。一方、顔、腕、そしてその他の細部は、手で付け加えられた。カルタゴにおいてこれらの小彫像は、最もしばしば前八世紀末のトフェトから出土しており、それらに奉納品の役割があてられる。いくつかの例は、またモテュアのトフェトにも存在している。同じような生産物は、サルデーニャ島においてもまた発見された。

鋳型で造られたテラコッタ製品は、豊富に知られ、さまざまな種類があった。さまざまに異なる伝統が判別できる。一つの伝統は地方的なもので、近東に由来し、（たとえば、エジプト人の髪型をして長い衣を身に纏って立っている女性）、ギリシアの模範にも由来している。すなわち王冠を被った女性の小彫像、乙女（コレー）をかたどった人物像の型は、デメテルとペルセフォネの祭祀に結びつけられる。輸入品の模造は、すべてが地方で生産されたものであることを立証している。

カルタゴとその領域に典型的に見られたのは、円形の小さな（金属）板である。その機能は、はっきりとわからないが、それらの一つには、二つの面の上に多かれ少なかれ際だった浮き彫りのさまざまな種類の装飾がある。人物をかたどったタイプのいくつかの表現（騎兵、騎兵を伴った海馬、動物、植物）は、象徴的な（翼と目のあるスカラベ）、あるいはその幾何学的な（螺旋形によじったもので、ギリシアの様式である）モティーフと一緒に表現されている。

第十三章　神、信仰および祭祀

カルタゴ人は、その厚い信仰心でも「仲介業者」としての特徴だけでなく、いまなお有名である。実際、現存する直接史料は、ほとんどすべてが聖域や墓地から出土したものである。こうして現存する記録類は、聖職者の分野では豊富にあるが、しかしまた簡潔でくり返しが多いか、もしくは断片的で、しばしば理解しにくい文脈のもの、ただ言外に暗示の多い類のものばかりである。一方、間接史料はその判断が難しい。つまり敵意のせいで、おそらく間違って解釈されがちなのが実情である。

I　フェニキア人の神々

フェニキア人の各都市国家はどれも、その守護神、一般に男女一組の神を崇拝した。しかしその他にも、神々は種々異なる務めを持ち、また多くの神はずっと以前から知られ、フェニキア人の領域においても、彼らの生活圏の彼方においても、同じように崇拝された。テュロスの主神ミルカルトの側には、いつもアスタルテがいた。シドンの王朝は、何よりまず始めにアスタルテを、次にエシュムーンを崇めた。ビュブロスの主要な祭祀は、バアーラト・グバル、つまり「ビュブロスの女主人」の祭祀であった。それはアスタルテ女神のこの世の姿であった。バアル・シャメム、つまり「天空の主人」も同じく重要な神であった。このようにその他の一連の神々は、いわば「ビュブロスの聖なる神々の集まり」と呼ばれた。神々の名は、奉献文によってか、または個人の固有名詞のおかげで、現在もよく知られている。固有名詞はよく一つの句からなっているか、神の行為を名前の持ち主に対して発揮すると見なされる神の名を含む表現からなる。これらの神々の名は、ときとして「主人」ba'l、「王」milk といった型の普通名詞に遡り、しばしば補足語を伴った。たとえば、バアル・シャメムは、すでに見たように、「天空の主人」であり、ミルカルトは「町の王」である（milk-qart は milquart になる）。その他のいくつかの名前は、反対にはっきりしないか、あるいはその意味が多く議論されるような名である。神々の務めは、さまざまな種類の史料、たいていは古典の史料から復元される。

カルタゴは、テュロスの植民市として、ミルカルトとアスタルテの祭祀に結びつけられる。しかしカルタゴ市は、ときが経つにつれて、おそらくその建設のときからあらゆる起源を持つ住民を集めてきた。そして彼らは伝統的に崇拝してきた自身の神々を一緒に連れてきた。したがってトフェト出土の碑文は、信心深い信者の名か、もしくは多数の神々――すべてフェニキアにおいて知られる神々ばかりだった――の祭祀を司る役人の名を挙げている。他方で発掘――もともと初めから、トフェトの地域に集中して行なわれ、ティニトとバアル・ハンモンに加護を求める数千の石碑を明らかにした――の状況は、この男女一対の神の重要性に向けられた判断に大きな影響を与えた。すなわち、ティニトとバアル・ハンモンは、その他の著名な神々——その聖域は知られていない——のお株を奪って、いつもカルタゴ市の主要な神々と考えられた。

テュロスの王家の創設者、ミルカルト——カルタゴの建設とともに航海の保護者であった——については、都市建設者にして文明の普及者としてある種の英雄として有名で、かつまたヘラクレスと同一視されたが、この神の情報はカルタゴ自体においてはほとんど見出されていない。しかしカルタゴ市がテュロスにあるこの神の聖域へ十分の一税を定期的に送っていたことをはわかっている。そのうえにトフェトから出土したいくつかの碑文には、この神の祭祀と神殿に言及するものがある。

たぶんミルカルトと関係のあった役人の名は、碑文のなかに何度も繰り返し見つかっている。**miquim 'ilim** である。この語句は「立ち上がらせる者」とか「神を目覚めさせること」と翻訳される。テュロスにおいて王は毎年この神の「目覚め」を祝った。「目覚め」とは、おそらく火による死であって、神はアスタルテの介入（儀式的な結婚によってか？）のおかげで再び生き返ったということであった。カルタゴや、そのほかの場所には、この祭りは一人の司祭——王の代理をし、**miquim 'ilim** と呼ばれた——と一人の女司祭によって祝われたにちがいない。司祭の称号はときとして **mtrh 'strmy** の語を伴ったが、それは「アスタルテの配偶者」を意味し、そしておそらくアスタルテと最初から聖なる結婚をしたと仄めかすものであろう。**miquim 'ilim** の意味は最近になってH＝P・ミュラーによって疑問視された。この役人はたぶん神を「呼び出す人」、つまり神が自分に懇願する人を助けて立ち現われるよう仲介する人であっただろう。

アスタルテは、豊饒を努めとする女神で、フェニキアとその植民市において立証されるほとんど唯一の神性を帯びる女性の神で、ヘラもしくはユーノーか、またはアフロディーテもしくはウェヌスと同一と見なされる。アスタルテの祭祀に関して、トフェト出土の多くの碑文は、その神殿、またシチリア島のエリュクスのアスタルテ（ラテン語ではウェヌス）の神殿を挙げている。エリュクスのアスタルテは、フェニキア人も取り入れた、土着のエリュマイ人の女神であった。前二世紀の奉献碑文は、アスタルテとレバノンのティニトに捧げられた聖域を思い出させている（KAI、八一）。アスタルテは、カルタゴの全歴史を通じて、途絶えることなく崇拝された。けれどもいくつかの理由で——理解するのは難しい——ティニトは、カルタゴ市において、そしてずっとのちには、アフリカにおいて、特別に重要な地位を占めた。

古代の著作家たち（アッピアノス『リビュア史』、一三〇、ストラボン『ギリシア・ローマ世界地誌』XVII、三、一四）は、ビュルサの丘に聳え立つアスタケピオスもしくはエスクラピオスの神殿について情報をもたらしている。トフェト出土のいくつかの碑文は、この神の祭祀に言及する。それら碑文は、またエシュムーンとアスタルテの「一対の神」を挙げている。アゴラの近くにおいてアポロンの神殿があったが（アッピアノス『リビュア史』一二七。イブン・シャバート街の建物と思われる？）、この神は、ときとしてエシュムーンと同一と見なすよう提案される。しかしこの神は、レシェプ、つまりオリエントにおいてよく知られ、そしてまたキュプロス島においてアポロンに相当する神ということもありうる。

すでに見たように、トフェト出土の碑文は、ほとんどもっぱらティニトとバアル・ハンモン――前五世紀の末以降この順序になっている――に捧げられた（以前、そしてまたカルタゴ以外で、バアル・ハンモンのみが最も頻繁に引用された）。

このバアル・ハンモン神は、オリエントでは前九世紀の最後の四半世紀に、一つの碑文によって知られるのみである（KAI、二四。この碑文の形容語「家の神」の家は、王朝のことか？）。「ハンモン」の語源には異論が多くある。すなわち、この神は「香の祭壇の主人」か、「猛火」ないし「燃えさかる火」の主人（語根 hmn は「熱い」を意味する）であるかもしれない。あるいはまた「アマヌス山の主人」、つまりこんにちのトルコ南東部にある山の主人であるかもしれない。もう一つ別の仮説は、この神を王家の祖先たちの祭祀に相応するとして祭室（hmn）の神にしている。[1]

（1）参考文献【18】参照。

バアル・ハンモンの性格は、さまざまな手がかりに基づいて、ようやく再構成できるものである。すなわち、その可能性のある図像――スース〔古代のハドゥルメトゥム〕で発見された図像がこの神のものと見なされる――は、年取った、ひげを生やし、王座に腰を下ろし、手には槍を持った神としてバアル・ハンモンを表わしている。一方、他の手がかりは祝福の印に起立している像である。その外見は、守護神の姿をとり、たぶん豊饒と結びつけられるだろう。つまりこの神はクロノスもしくはサトゥルヌスと同一と見なされると示唆される姿である。

バアル・ハンモンの陪神、ティニトは、フェニキア人の活動領域のうちにあったいくつかの証言から、いまや知られるが、その役割やその特別の性格、そしてその名の語源は、依然として不明である。ティニトの可能性のある図像（サント・モニク教会の「女司祭」の石棺に描かれた人物像がそれであると想定した人もいる）は、襞のある衣を身に纏い、翼をもつ一つの像で、イシス神と同一視されうる。ティニトはバアル・ハンモンと何か関係があったかどうか、カルタゴにおいてどのような有為転変をたどったかは、理解の外である。ティニトはつねに**pn b'l**の呼び名を持つが、それは「バアル神の顔」と翻訳される。すなわちティニトは、バアル神の一種の生まれ変わりであっただろう。それとは違う一つの見解――しかし立証はされえない――は、E・リピンスキー[1]の見解である。彼はティニトを「泣く神」としている。

（1）参考文献【20】参照。

ティニトはローマ支配の時代にユーノ・カエレスティスと同一と見なされ、その祭祀はサトゥルヌスの祭祀とともに北アフリカのいたる所に流布した。

ティニトと関係づけられるのは、三角形ないし台形によって構成されたシンボルである。それは水平の棒が差し渡されていて、「タニトの印」の名を受け入れた円を上に載せていた。そのようなシンボルは、しばしばトフェトの石碑の上にも現われているが、しかしそこだけに出現しているわけでない。現代の人びとがティニト女神と関係があると確証したのは、おそらくこの象徴が図式化され、女性の人物像に間違いないとしたことに由来するだろう。つまりそのようなシンボルは、ずっとのちの時代にもさまざまに表現されていて、とりわけ際だっていたが、このようなシンボルは、トフェト以外の場所においても発見されている。たとえば家の舗装の上やティニトの祭祀ではけっして記録されない場所においてである。「タニトの印」とティニトとの関係は、それゆえにまったく不確かで、実際ありそうにない（十九世紀においてこのシンボルは「バアル・ハンモンの印」と呼ばれていた）。このシンボルの意味――それは聖物と関係があったことは確実である――と同じように、その起源は依然として議論の余地がある。ありそうと思われる説は、ankh のエジプトの印、つまり生命の象徴である。

すべての一連の神々は、カルタゴ人の碑文に名前が挙がっているものの、その役割は、あまりよく知られない神々である。思い起こされるのは、ミルクアルト、つまりレプティス・マグナにおいてミルカルトとして、ヘルクレスと同一にみなされる神で、バアル・シャメムやシャルトラパは戦の神、ホテル・ミスカルは、とくにマクタールにおいて崇拝された神、シャマシュは「天空」の神などである。その他にも「男女一組の神」と呼ばれる神々も付け加えられよう。たとえば、シドとティニト、エシュムーンとミルカルト、エシュムーンとアスタルテなどである。以上は神に準じる地位にある神々で、相互関係によって結ばれたにちがいない。すなわちシドとミルカルトの場合、たぶん「ミルカルトと息子」のように親子関係があり、エシュムーンとアスタルテの場合、真の「夫婦」の関係があった。しかしどの例も確実に明白というわけではない。

Ⅱ　異国から来た祭祀

カルタゴ文化の数多くの要素は、エジプトが果たした役割を証明している。「魔術の」分野で、お守りや護符は、一般にエジプトの神の世界に刺激されたものだった。たとえそれらはエジプト固有の様式ではないとしても。しかしフェニキア人とカルタゴ人は、どの程度エジプトから発した祭祀を彼らの信仰に適応させたか、知ることは不可能である。エジプトの神々を地方的な崇拝の対象として取り入れたことは、おそらくすでにフェニキア人の拡大期以来、証明されるが、それがもっとはっきりするのは、前六世紀からである。とりわけハルポクラートやイシスの名前はいくつもの碑文で挙げられている。オシリス、アンモン、イシス、ホルスの神々は、カルタゴにおいても——オリエントにおいては確実に——立証されたフェニキア人のかなり多くの個人名を構成する名である。イシスの神殿は、カルタゴにもあったにちがいない。

ギリシア起源の祭祀については、デメテルとコレーの神殿が前三九六年にシュラクサイ前面でカルタゴが敗北したのちに取り入れられた、とディオドロスによって知らされるが、彼によると、これら女神の神官は、ギリシア人であって、そのために起源の儀式は変えられなかったという。アフリカにおいても、シチリア島とサルデーニャ島においても、これら女神の祭祀に結びつけられるテラコッタ像がいくつも発見された。コレーの名とデメテルと確認される女神の名は、カルタゴ人の二つの碑文にある。

くり返すと、外国起源のその他の神々がカルタゴに採用された——あるいはそれが起こったかもしれない——と想定する碑文の証言はいまもない。すなわち、ポリュビオス（『歴史』Ⅶ、九、二-三）が報告した前二一五年にマケドニア王フィリッポス五世とハンニバルとのあいだで締結された条約の本文では

――その条約のカルタゴ語版からの翻訳であると想定される――、三対の組をなすギリシアの神々への祈願が先頭にきている。つまりゼウス、ヘラ、アポロンである。カルタゴ人の「神」（ダイモン）、ヘラクレス、イオラオスである。アレス、トリトン、ポセイドンである。これらのギリシア名の神々のなかに、フェニキア人の神々と、もしできるならハルカ家の神々と確認できないか試みられているが、まだ全員の意見の一致をみていない。(1)

（1）参考文献【21】一八二頁、【6】二二八～二二九頁参照。

Ⅲ　聖職者と祭祀

数多くの碑文は、「司祭」の名称として kohanim（単数は kohen）を挙げている。司祭はときとして「大司祭」rab kohanim を頭《かしら》にもつ同僚団に組織された。司祭の家は、貴族の一部を構成したことがその家系が示すとおりである。すなわち、司祭の家系はスフェトと司祭の両方か、それともどちらかの職を帯びた。司祭は独身を義務づけられておらず、またその職務をその他の職務と兼ねることが可能だった。「大司祭」は、スフェトの職に、ある場合には司祭 rabs の職に就くことによって、名祖となりえた。カルタゴですべての聖職者の頭に「大司祭」がいたかどうかは依然として不明である。

司祭の正確な職務やその職の任期――あったとして――は、はっきり示されない。司祭は確かに始めから終わりまで犠牲式にあずかり、犠牲式はその性格上、現金ないし犠牲獣の肉という形で収入を司祭にもたらした。少なくともいくつかの場合は、「代理司祭」がいたにちがいない。もし khn sn の称号の意味をこのように解釈するのが正確であるならばであるが。

フェニキアにおいてと同じく、女性のある者は「女司祭」の役割りを帯びることができた。それらの女性はまた高位の家の一員であった。すなわち、既婚の女性のなかには、大司祭、スフェト、あるいは司教の夫人がいた。「女大司祭」の職も存在する。その職務の任期は不明である。のちの時代のある葬儀の碑文は、一八年間も長の職にあった女司祭がいたと示している。女司祭がどんな職であったか、まったくわからないが、たぶん「ミルカルトの目覚め」の儀式からは除かれていただろう。女司祭は、いくつかの女神の祭祀に結びつけられていたにちがいない。そのことは、碑文から知られる。

一連の役人と補助司祭は、司祭の側にいて神殿で働いた。すなわち「犠牲式を執行する人」、「肉屋」ないし「料理人」で、すべて犠牲式にかかわった。料金表は――その最もよく知られた例は、マルセイユで発見され、すでに引用された――、カルタゴからも出土している（KAI、六九）が、捧げものについていくつか情報をもたらしている。すなわち、牛から鶏に至るまで、大きさがそれぞれ異なる動物で、さまざまな種類の儀式に基づいて犠牲に供されたが、ヘブライ人の聖書にも同じ犠牲の動物が見出される（同じ宗教を信じる人は同じ犠牲式を行なった）。植物の奉納物は、油かミルク、果実や菓子からなっている。

動物の供犠のタイプによって異なったが、奉納する人には、肉のある部分を分け前として受け取る権利があった。旧約聖書のいくつかの文章と比較しても、また考古学の証言から見ても、それらの肉の部分は聖域において料理されたのち、共同の食事のあいだにその場で食べられたことを示唆している。さらに料金表は、供儀を行なう人以上に（ba'lzebah は「供儀を行なう人」を意味する）、神殿に奉納するためにやって来た集団の人びとについても言及している。すなわち家族とその他の人びと、たとえば「結社の人」たちは、mrzh と mzrh と呼ばれた。最初の語は、すでに近東において知られており、その名はギリシア語で thiase の語で表わされている。このグループは、複数の神の祭祀と関係があって集まり、共同食事の儀式を行なった。

「神の床屋」は、いくつかの碑文に現われているが、手斧形のカミソリは――葬儀の調度品〔副葬品〕の一部になっている――、神の床屋を示す別の痕跡である。カミソリの役割は明らかでない。司祭を丸坊主にするためであろうか。「書記」はいくつかの聖域の使用人に属していて、歌い手、'bd つまり「奉仕する人」などと同じく、その役割はあやふやである。彼らを聖なる売春という現象と関係づける人もいるが、それについては古代の著作家たちから情報が得られる。とりわけ西地中海において、エリュクスのアスタルテの祭祀に関係がある。この祭祀はカルタゴにおいても、シッカ（ル・ケフ）においても、またサルデーニャ島においても、取り入れられた（ヘロドトス『歴史』I、一九九。ただし彼はバビュロンとキュプロス島について語っている）。売春夫がいたことは、同じくキュプロス島の一つの碑文に基づいて、充分に正しいと考えられる（KAI、三七）。

祭日の期間について、そして祭りがどう執り行なわれたか、その方法について、いくつか言及がある。すなわち一つの祭りは、新月の日に行なわれたにちがいない。ミルカルトの「春の目覚め」の祭りは、春に（二月か三月にかけて）とり行なわれただろう。いくつかの主要な農作業（播種、取り入れ、ブドウの収穫）は、いろいろな祭りに伴って行なわれたのであった。

第十四章　言語と文学

　本書において触れられている文書史料は、最初のフェニキア人が祖国から一緒に持ってきた言語と文字で書かれていた。フェニキア語は、ヘブライ語に近いセム語群の一つであって、右から左へと二二の子音アルファベットを使って書かれる。ヘロドトスが報告するギリシアの伝承によると、アルファベットを発明し、それをギリシア人に伝えたのは、フェニキア人自身であった。ギリシア人はそのときまでアルファベットを知らなかった。しかし実際は少し違う。ギリシア・アルファベットは、すでに前二千年紀のシリア・パレスティナ地方にあったと立証されていて、発明者は——一人だったか、それとも複数だったかわからない——知られていないだけである。けれども紀元前一〇〇〇年より少し前、概略のものながら、アルファベットなるものを作り、それを東西の地中海のいたる所へ広めたのはフェニキア人であった。すなわちギリシア・アルファベットとそこから派生したアルファベット、とりわけ注目されるエトルリア・アルファベットとラテン・アルファベットである。これらのすべてのアルファベットは、その起源をフェニキア文字にもったのである。

　西地中海でフェニキア語によって書かれた最古の記録は、前九世紀末、ないし前八世紀初めまで遡る。

カルタゴ出土の最古の碑文は、前七世紀と同定される。それから記録類は増大するが、しかし碑文の数が多くなるのは——数千の碑文を数えることができる——、ようやく前五世紀末から前四世紀の初めであった。不幸にして本文はきわめて均一であって——すでに見たように、大部分が奉納ないし葬儀の碑文であった——、文法を知る目的では、非常に限られたデータしかもたらさない。もっと大きな困難は、すでに触れたように、フェニキア・アルファベットが子音のアルファベットだったという性格にある。すなわちフェニキア語を復元するには、すでに母音化されていた文学的な本文をもった近隣の諸言語（とりわけヘブライ語）に頼るか、あるいは現在手に入るギリシア語やラテン語に転写されたものに頼るしかない。最も重要で最も長い本文は、プラウトゥスの喜劇『カルタゴ人』に保存されているフェニキア語の独白である。

慣例に従ってカルタゴの覇権の確立以前の碑文（複数）はフェニキア語（複数）と（彼らの言語はフェニキア語と単数で）呼ばれ、そしていたる所で特別なタイプの文字と母国の文字にくらべ言語の発展を示す碑文（複数）をカルタゴ語（複数）と（彼らの言語を単数のカルタゴ語）呼ぼう。

事実、最古の本文は、テュロスとシドンで採用された文字と言語のタイプを示す一方で、時がたつにつれて西地中海固有の変化が認められた。フェニキア文字については、カルタゴ人の都市やカルタゴ化された他の中心都市で前五、四世紀以来の地方的な変化を遂げたと確認されるが、それはおそらくカルタゴ法務省に固有の変形であった。カルタゴ語についてはっきりと認められるのは、とりわけ音の変遷である。発音された喉音子音は、会話の言葉では落ちることがある。こうしてフェニキア文字においても、母音を書きとめるためにそれを示す文字を使いはじめた。この母音の採用は、カルタゴ崩壊前にはまだ非常に限られていた。したがって前一四六年以後に広まったのは、カルタゴ語の発音を――とくにのちの時代の特色であるが――さらに正確に再構成できたことである。同時に走り書きの文字が際だってくる。すでに存在した草書体の使用は、パピルスのような柔らかい素材に書かれた文書類か、あるいは私的な書類に限られた。その文字は、新カルタゴ語と呼ばれ、きわめて単純化されて書かれたので、読むのが難しいために、その使用はしばしば取りやめられた。

フェニキア語の採用は、カルタゴ破壊後も地中海において長く続いた。ヌミディア人の諸王国は、フェニキア語を教養語として使った。北アフリカの諸都市、サルデーニャ島とマルタ島の諸都市、そしてシチリア島の諸都市もまた――その程度はもっと少なかったが――、後一世紀から二世紀に至るまで、フェニキア語を引き続いて採用したが、ついにラテン語によって完全に取って代わられるときがやってきた。

カルタゴ没落後、ローマ元老院はカルタゴ市が所蔵した図書をアフリカの諸君主に与えると決議した、と大プリニウスは報告している(『博物誌』XVIII、二二-二三)。しかし彼はマーゴーの農業論から二八巻をラテン語に翻訳した。その他よく知られている例として、サルスティウスはヌミディア王ヒエンプサルが所蔵した「カルタゴ語の書物」を何冊も利用した、と言っている(サルスティウス『ユグルタ戦記』一七、七)。

マーゴー著の諸巻から抜粋されたいくつかの文章を例外として、フェニキア語で書かれた文学、あるいは科学の作品は、すべて散逸した。大プリニウスが言及した「カルタゴ市の蔵書」の内容に関して、非生産的な議論が戦わされた。ギリシア語の作品の優位が強調される一方で、フェニキア語で書かれた作品で大きな影響力のある作品（歴史、哲学、科学の作品）が存在した可能性は完全に否定されている(1)（Cl・ボラーン）。重要なことは、何一つ具体的な証拠によって支持されないことである。イブン・シャバート街の建物のなかで発見された数千のパピルスの勅書――すべてが封印してあった――は、逆にヘレニズム時代のカルタゴにおいてフェニキア文字と、紛れもないカルタゴ語とが広範に採用されたことを立証する。なるほどギリシア語はカルタゴにおいて知られており、意志の疎通と教養の言語として採用された。ハンニバルに仕えた年代記作者、ソシロスとシュレノスは、ギリシア語で著作した（ソシュロスは、ハンニバルのギリシア語の師であった。ネポス『名士伝』の「ハンニバル伝」一三、三）。強国カルタゴの破壊は、一つの伝統を中断したため、われわれはその伝統を断片的にしか把握できないのである。

（1）参考文献【22】参照。

終章　カルタゴ文明は滅んだか

前一二二年、ガイウス・グラックスはかつてのカルタゴ市の〔南の〕端に植民市コロニア・ユノニアを建設しようとして植民者の一団を派遣した。この試みは時期尚早であったのか、一年と続かなかったが、その後、前四四年、ユリウス・カエサルが植民市の創設に成功した。アウグストゥスはこの植民市にコロニア・ユリア・コンコルディア・カルタゴという長ったらしい名をつけた。こうしてカルタゴ市は、元老院が管轄するプロコンスル管轄の属州の一植民市として、アフリカ州の首都になる運命を担った。前一世紀の終わりに、ビュルサの丘は新しい首都にふさわしい行政の中心となるよう平らにならされた。そこにはフォルム、裁判行政のバシリカ、いくつもの神殿などが聳え立つことになる。しかしこの大仕事がポエニ人のカルタゴが本当に滅びる原因となるのであった。「それはカルタゴ市が滅んだのちの遺跡の埋葬」であった[1]。

（1）参考文献【6】、四四九頁参照。

カルタゴ市の根絶は、フェニキア起源を持つ、ほぼ七〇〇年も前からアフリカに存在した文化の消滅を生むものではなかった。すでに見たように、カルタゴ語はモロッコからトリポリ地方に至るまで、引きつづいて後一世紀いっぱい日常的に書かれつづけ、新カルタゴ文字は、かつての伝統的な記念碑的文字に取って代わったほどである。次の数世紀のあいだ、カルタゴ語は依然として書かれ、いまやラテン文字となり、セム語系の諸言語のその典型的な文字のために特別に作られた記号をもつようになる。この持続性は、「ラテン=カルタゴ語」と呼ばれ、トリポリ地方で発見される碑文によって立証される。聖アウグスティヌスの時代になっても、彼がいくつかのフェニキア語、たとえば「神」を引用しているように、かつての古い植民者の言語は、田園地方において話され、農民たちはみずからを「カナン人」と称した。

行政の分野において、フェニキア起源の職務の名称、とりわけスフェトは、後一世紀においてもなお多くの碑文のなかに立証された。最後に、ローマ支配下のアフリカの宗教は、サトゥルヌスやユーノ・カエレスティスの祭祀が広範に伝播したことを特徴としたが、これらの神々は、バール・ハンモンとティニトの後継者であった。これらの神々の栄誉を称えたいくつかの記念碑や儀式は、古くは、とりわけトフェトにおいて行なわれたが、カルタゴ滅亡後もなお生き延びたことを示した。サトゥルヌスに捧げられた石板の公式文は、ときに molchomor、つまり「子羊の犠牲」とか、nasililim「サトゥルヌス神への捧げもの」のようなカルタゴ語の表現さえ含んだ。最後に、挨拶するために最もよく使われる日常のラテン語、キリスト教徒がマリアへ祈る言葉のなかでくり返し使う、祈りのラテン語「アヴェ」は、フェニキア語の借用語で、「力を〔与え給え〕」を意味する。

訳者あとがき――カルタゴをめぐるエニグマ（謎）

本書は、Maria Giulia Amadasi Guzzo, *Carthage*（Collection « Que sais-je? », n°340, P.U.F., Paris, 2007）の全訳である。

本書『カルタゴの歴史』を訳していて、つくづく思ったのは、カルタゴの歴史には何と謎が多いかということである。それだからか、カルタゴ人とその歴史への人びとの関心はますます強まっているように思える。それは本書巻末のビブリオグラフィを見てもわかるし、本書と同じ頃に出た小冊子『カルタゴ』(E. Acquaro, *Cartagine: I fondamenti di un progetto mediterraneo*, Lugano 2006, Athenaion) には、さらに詳細な文献案内が付せられている。

それにつけても、人はなぜカルタゴにかくも強い関心を抱くのであろうか。イタリア半島の強大な国、ローマと三度も戦火を交え、ついに滅ぶその数奇な運命に心が引かれたからだろうか。日本人好みの「判官びいき」というのが原因だろうか。それだけではあるまい。同じ年にローマの圧倒的な軍事力の前に敗れ去り、徹底的に破壊されたギリシアの都市コリントスはカルタゴほど人の関心を引いていないからである。カルタゴの歴史は名指し難い、人の心をつかんで放さない何かがあるのだろう。

カルタゴは苦境に陥ったとき、たくさんの幼児を神に捧げるために焼くと言う、おぞましい奇習の国であったと多数の古代の著作家が語ったが、近代以降の発掘によって、カルタゴの墓地、トフェトから高熱で焼かれた子供の骨を納めた壺が多数発見され、この発見もあって一時は古代の著作家の証言が正しかったと信じられた。しかしその後それを否定する有力な反論が出されて、真偽はいまだ決着を見ていない。むしろ謎は深まるばかりである。

カルタゴの誕生から死にいたるまで、カルタゴ人はしばしばみずからの身を燃えさかる火に投じて死を選んだことが知られているが、彼らの国に対する献身の念がかくも強かった証しであろうか。カルタゴを建設した女王ディドーの最後は、薪の山に火を点け、そこへ身を投じて死んだ、とウェルギリウス『アエネイス』に詠われた。アエネアスに去られた悲しみからと言われるが、なぜそこまでしなければならなかったか、謎は残る。火に身を投じて死んだ女性は他にもいた。カルタゴ滅亡の淵に立たされたとき、防衛軍はビュルサの丘に立て籠もって最後の抵抗を続けたが、司令官の妻は燃えさかるエシュムン神殿に身を投じて死んだ。その英雄的な死はローマ軍に投降して命が助かった夫と際だった対比をなすものであった。このような火によって身を焼くのは、幼児を神に捧げるために焼いた儀式と関係があったのだろうか。ハンニバルはその身を火に投じることはなかったが、ローマ人に追い詰められ、毒をあおいで自死の道を選んだように、英雄的な死を選ぶ考えがカルタゴ人には根強くあったのであろう。

カルタゴ建設については別の伝承がある。本書二四〜二五頁で述べられているように、ピュロスのエリッサである。エリッサの兄弟は司祭で、王ピュグマリオンの義弟であったが、王は彼の富を奪おうと殺害したとき、エリッサは身の危険を察知して西方へ逃れ、カルタゴを建設した、と語られている。この物語は年代も氏素性もわからないユスティヌスなる人によって述べられている。カルタゴを建設したエリッサは、土着の男に求婚されると、一旦それを受け入れるものの、植民者を守ろうと薪の山に火を付け身を投じた。身を犠牲にしても同胞を守ろうとした話は、ウェルギリウスによってアエネアスとの恋に破れた女に変えられたが、それはなぜだろうか。

カルタゴの建設は前八一四年ないし八一三年であったことは、シチリア島のティマイオスやローマのキケロによって語られた。しかしその裏付けとなる証憑は何も存在しない。シチリア島の別の歴史家はカルタゴが「チュロスの人アゾロスとカルケドン」によってトロイア戦争の少し前に建設されたと述べている。著者はカルケドンの名に疑問を呈する。ギリシア人は都市建設者の名を残す慣習に従っただけで、カルケドンは人の名かどうか怪しいとする。カルケドンはカルタゴの名そのものだからである。著者はフェニキア人の都市がトロイア戦争の少し前に南スペインのガデス、北アフリカのリクススやウティカのように建設されたことが知られ、またホメロスの作品にはフェニキア人が現われるので、「トロイア戦争の少し前の年代」も新しい証拠が出ないかぎりは「理論的な年代」であると見ている（本書二二一～二二三頁）。それにつけても古代の人がフェニキア人ないしカルタゴに寄せた関心には並々ならぬものがあったと知れて興味深い。彼らの関心はなぜだろうか。

カルタゴの建設は前二千年紀末か、それとも前九世紀末か、決めがたいとしても、カルタゴがたしかに存在したとはっきりわかるのは、時代が下って前七世紀の後半である。カルタゴ人はコルシカ島でフォカイア人と戦い彼らを島から駆逐した。また同世紀末にローマ人と最初の条約を結んでいる。それはローマが共和政になった最初の年、前五〇九年であった、と言われている。はじめカルタゴと激しく敵対したのは西地中海のギリシア人であった。著者はカルタゴが前五世紀になるとフェニキア人の植民市から北アフリカの都市国家へと「脱皮」したと見ている。それ以後、カルタゴは西地中海の覇者となるべく独自の対外政策をとったと思われる。カルタゴは地中海の覇者となろうと、独自の対外政策を推し進める途を歩み出したのである。そのカルタゴの前に立ちふさがったのがコルシカ島、サルデーニャ島、そしてシチリア島に相次いで拠点を築きつつあったギリシア人である。カルタゴは、シチリア島西部のフェニキア都市を拠点にし、東へ東へと支配を広げていったらしい。前四八〇のヒーメラの戦いではギリシア軍に敗れたが、その後はギリシア都市に僭主が出現して悪政を布いたり、都市間の分裂に助けられて徐々に支配領域を拡大した。カルタゴのシチリア島支配の目的は何であったか、はっきりしない。もともとが僭主のような独裁者の支配を嫌っていたからかもしれないが、通商国家カルタゴにしては理解し難い行動と言えよう。ともかくカルタゴはアガトクレスやピュロスのような手柄を立ててみずからの地位を安泰にしようとする軍人らと戦いつつシチリア島の支配を確実にしていった。しかしそれはやがてローマとの戦争の原因になるのであった。

ローマとの戦争、第一次ポエニ戦争はなぜ起こったか、これまた謎は深い。第一次ポエニ戦争直前のカルタゴは、シチリア島をほぼ制圧していて、西地中海に覇権を確立する寸前にいた。一方、ローマは北イタリアを除く全イタリアを征服していた。しかしシチリア島には領土はもとより、同盟国もなかった。しかもカルタゴとしばしば条約を結んで友好関係にあった。そのような両国の間になぜ戦争は起こったのであろうか。戦争のきっかけを作ったのは、マメルティニ人（マルスの息子たちの意）と呼ばれた傭兵崩れの一団だったらしい。南イタリアの各地で乱暴狼藉を働いたのち、形勢不利と見るやカルタゴに保護を求めるが、いつのまにかローマ軍をシチリア島に引き入れようと画策したらしい。したがって、易々とマメルティニ人の手に乗ったローマ人に戦争の責任があったと言えるかもしれない。著者はマメルティニ人がローマに助けを求めた理由は曖昧だと言っている。戦争は突然に起こった。カルタゴは長年の敵ギリシア人、とりわけヒエロン二世支配下のシュラクサイと戦わねばならなかった。ローマ側の作戦のまずさもあって長びいたが、おおむねローマが攻勢であった。ローマ軍は一時カルタゴ領に侵攻するし、カルタゴはシチリア島西部の一部を保持するだけで、大部分の都市はローマ側についた。たしかにハミルカル・バルカが軍隊を指揮してシチリア島で奮戦したが、結局はローマに敗れた。そして傭兵軍の扱いにも失敗して、サルデーニャとコルシカの両島の支配権も失うことになった。第一次ポエニ戦争はカルタゴ凋落の第一歩となったことに間違いはないであろう。その戦争がよくわからない理由で始まったのは歴史の皮肉とも言うべきであろうか。

ハンニバルはなぜイタリア遠征を敢行したか。第二次ポエニ戦争を始めたのは、ハンニバルであったことはほぼ間違いないであろう。彼は初め数々の勝利をものにしてローマに対して優位に立ったが、すぐに南イタリアに押し込められ、成果を上げずに帰国せざるをえなかった。なぜハンニバルは困難なアルプス越えをしてローマ進軍を急いだのか。ハンニバルを急がせた理由は、ローマを滅ぼすことではなく、ローマ人に「ハンニバル、門に迫る」と叫ばせて不安と恐怖に陥れることであった、と最近のある説は主張した（Hannibal ad portas, Darmstadt 2004）。しかし彼を突き動かした衝動はそれだけだったであろうか。彼には本気でローマを攻める気はなかったらしい。ではなぜ一〇年以上もイタリアに留まったか、謎は深まるばかりである。彼の予想に反して、ローマがまとめ上げた「イタリア連邦」の結束は強力であったからではないだろうか。

本書は前半で（第一章〜第六章）カルタゴの誕生から死に至るまでを「通時的」に語り、後半では（第七章〜第十四章）「共時的」に、カルタゴ市の構造、制度、社会、軍隊、通商と農業、建築と芸術、信仰、言語と多岐にわたって詳しく述べている。この点だけを取り上げても、本書の特徴と言えるだろう。碑文学者であり、アフリカ古代史の専門家（ローマ大学教授）としてその深い学識に裏打ちされた叙述は非常に興味深い。とりわけ興味を引くのは、葬送の儀式の場所トフェト、そして墓地について述べた部分である（第七章「カルタゴ市」および第十三章「神、信仰および祭祀」）。発掘の結果から、トフェトはひと目で聖なる場所とわかったように、フェニキア人の都市内でもとりわけ重要な位置を占めた。とくにカルタゴでは幼児を神に捧げる「死の儀式」があったと古代の多数の著作家が述べたことから、トフェトの発掘はとりわけ目を引くのは、はたして幼児の供儀はあったか、であろう。その証明は難しいが、著者は次のように答える。テラコッタ製の壷には高熱で焼かれた幼児、二歳くらいの乳幼児と小動物（一般に羊）の骨が入れられていた。骨の分析から、ごく幼い、死ぬには早すぎる幼児であったことがわかり、石板の碑文（をもつ場合）の解読から、「一家族の生活のなかで一度きりのこと」とわかり、幼児を神に捧げる儀式は、カルタゴにとどまらず、他のフェニキア人の都市においても、実際にあったことだった。それにつけてもギリシア人ディオドロスが幼児は次々に火の燃えさかる炉にくべられた、と描写したことが実証されたわけではない。

フェニキア人が文化の面で果たしたことは、本書の後半の部分でいろいろと述べられているが、なんと言ってもアルファベットの発明である。フェニキア人はエジプトのヒエログリフからアルファベットを作ったと言われるが、両者の決定的な違いはアルファベットは音節文字ではないということである。しかし彼らのアルファベットは子音のみであった。なぜ子音しかなかったのか、その理由を訳者は知らない。後にギリシア人が母音を加えて現在のアルファベットの元が出来たわけで、ギリシア・アルファベットの意義は計り知れないものがあるが、フェニキア・アルファベットとフェニキア語は、南イタリアやシチリア島を除く地域では長いあいだ西地中海の主要な言語の位置を維持した。アルファベットは各地の言語を書き表わすために若干の変化はあったものの、フェニキア・アルファベットの基本は維持されたのである。ただ、母音がないために、フェニキア語を現在のアルファベットで書き表わすとき、子音の間にどの母音を入れるか、難しい問題をわれわれに投げかけている。後にギリシア語やラテン語に転記された場合を除いて、フェニキア語の「母音化」は合理的な基準はないから、本書でも従来われわれが知っているものとは違う転記法が用いられている（転記法についての著者の注を参照）。

問題はそれにとどまらない。アルファベットは、ヨーロッパの言葉を表わすのに都合がよかったのだろうか、ずっと使われてきて、現在に至っている。漢字とかなという音節文字を生まれたときから使っているわれわれ日本人がヨーロッパの言語を学ぶとき、非常な困難を感じる原因の一つがそれ、つまり元来アルファベットは子音だけで作られていた点だろう。後に母音が加えられたとはいえ、子音の数は圧倒的に多いのである。ここにアルファベットと音節文字との決定的な違いがあると思われる。このように考えると、われわれはフェニキア人と意外な面で意外な関係があることに気づいて興味深いのである。

本書はカルタゴの誕生から死にいたるまでの歴史とカルタゴ文化の特徴を新書ながら余すところなく述べたものである。ただ、著者はカルタゴの死をカルタゴ文化の死とは考えていないようである。カルタゴ文化はカルタゴ滅亡後も北アフリカにその命脈を保ちつづけたと著者は考えている。なんと言ってもフェニキア人、とりわけカルタゴ人は西地中海に、また北アフリカに永久に消えない存在の痕跡を残したことに深い感慨を覚えるのである。

本書の原題は『カルタゴ』であるが、すでに文庫クセジュには同名の一書があるので（高田邦彦氏訳）その題は避けねばならなかった。そこで『カルタゴ興亡史』の題も考えたけれども、白水社には同名の書があるためその案も断念せざるをえなかった。そこで『カルタゴの歴史』とし、副題として「地中海の覇権をめぐる戦い」を付すことにした。まさに本書は、小冊子ながらカルタゴの歴史の総覧とも言うべき内容を備え、カルタゴとその文化について最新の知識を与えてくれるからである。

翻訳にさいしての問題点や今後の課題についてひと言述べておきたい。原著にはカルタゴの歴史、政治制度、軍制、船舶、建築や美術工芸品、その他の分野に関する術語が多く使われていて、定訳のないものがほとんどであるが、ひとまず各種の辞書を頼りに邦訳をした。しかしはたして適訳かどうか、最後まで迷いが残った。さらに問題なのは、フェニキア語ないしカルタゴ語が原語で頻繁に使われていて、それらをどのように書き表わすかという点であった。子音字のみのフェニキア文字で書かれた語は、ヘブライ語、ギリシア語、ラテン語に転写された語以外、母音を付してアルファベットで表すのは不可能であるため、原著の語をそのまま用いた。

最後に、白水社編集部、中川すみさんに深い感謝の念を捧げたい。はじめ本書の邦訳を勧めてくださったのは、中川さんであり、刊行に至るまで編集者として数々の助言や配慮を惜しまれなかった。ここに深く感謝する次第である。

二〇〇九年三月

石川勝二

参考文献①
（注による）

【1】Cintas P., Manuel d'archéologie punique, I-II, Paris, 1970-1976.
【2】Gras M., Rouillard P., Teixidor J., L'univers phénicien, Paris, 1989.
【3】Bondì S.F., Nuove acquisizioni storiche e archeologiche *sulla Sicilia fenicia e punica*, dans *ACFP 4*, Cádiz, 2000, 83-89.
【4】Bartoloni P., Bundì S.F., Moscati S., *La penetrazione fenicia e punica in Sardegnia. Trent'anni dopo* (Memorie dell'Accademia Nazionale dei Lincei, ser. 9, fasc.IX), Roma, 1997.
【5】Gras M., Dubœuf P., *L'architecture de la tombe de Yada'milk à Carthage. Essai de restitution*, dans Amadasi Guzzo-Liverani-Mattthiae, 2002, 253-267.
【6】Lancel, S., *Carthage*, Paris, 1992.
【7】Desanges J., *Recherches sur l'activité des Méditerranéens aux confins de l'Afrique*, Paris, 1978.
【8】Lipinski, E.(ed.), *Dictionnaire de la civilisation phénicienne et punique*, Turnhout, 1992.
【9】Fantar M.-H., *Carthage. Approche d'une civilisation*, I-II, Tunis, 1993.
【10】Krings V., *Carthage et les Grecs, ca. 580-480 av. J.-C. Textes et histoire*, Leiden, 1998.
【11】Huss W., *Geschichte der Karthager (Handbuch der Altertumswissenschaft*, 3. Abteilung, 8. Teil), München, 1985.
【12】Morel, J.-P., *Vie et mort dans la Carthage punique d'après les fouilles de Byrsa(VIIe-IIe siècle av. J.-C.)*, Tunis, 2e ed., 2000.
【13】Bénichou-Safar H., *Le tophet de Salammbô à Carthage (coll. de l'École française de Rome*, 342), Rome,. 2004.
【14】Moscati, E., *Gli adoratori di Moloch. Indagine su un celebre rito cartaginese*, Roma, 1991.
【15】Bénichou-Safar H., *Les tombes puniques de Carthage. Topographie, structures, inscriptions et rites fimèraires (Études d'Antiquité africaines)*, Paris, 1982.
【16】Sznycer M., Carthage et la civilisation puniue, dans Nicolet, 1978, p. 545-593.
【17】Dridi H., *Carthage et le monde punique (Guides Belles Lettres des civilisations)*, Paris　2005.
【18】Xella P., Ba'al Hammon, *Recherches sur l'identité et l'histoire d'un dieu phénico-punique*,　Roma, 1991.
【19】Lipinski, E. (éd.), *Dictionnaire de la civilisation phénicienne et punique*,

Turnhout, 1992.
【20】Lipinski, E., *Dieux et déesses de l'univers phénicien et punique*, Leuven, 1995.
【21】Bonnet C., *Melqart. Cultes et mythes de l'Héraclès tyrien en Méditerranée*, Louvain-Namur, 1988.
【22】Baurain Cl., Bonnet C., *Les Phéniciens. Marins des trois continents*, coll. « Civilisations » U, Paris, 1992.

参考文献②
（原書巻末）

Amadasi Guzzo M.G., Liverani M., Matthiae P., *Da Pyrgi a Mozia. Studi sull'archeologia mediterranea in memoria di Antonia Ciasca* (Vicino Oriente. Quaderni, 3/1-2), Roma, 2002.)

Aubet M. E., *The Phoenicians and the West*, Cambridge, 2001 (texte originel *Tiro y las colonias fenicias de Occidente*, Barcelona, 1987).

Bartoloni P., Bundì S. F., Moscati S., *La penetrazione fenicia e punica in Sardegna. Trent'anni dopo* (Memorie dell'Accademia Nazionale dei Lincei, ser. 9, fasc. IX), Roma, 1997.

Baurain Cl., Bonnet C., *Les Phéniciens. Marins des trois continents*, coll. «Civilisations U», Paris, 1992.

Bénichou-Safar H., *Les tombes puniques de Carthage. Topographie, structures, inscriptions et rites funéraires(Études d'Antiquité africaines)*, Paris, 1982.

Bénichou-Safar H., *Le tophet de Salammbô à Carthage* (coll. de l'École française de Rome, 342), Rome,. 2004.

Beschaouch A., *La légende de Carthage* (coll. « Decouvertes », 172), Paris, 1993.

Bondì S. F., *Nuove acquisizioni storiche e archeologiche sulla Sicilia fenicia e punica, dans ACFP* 4, Cádiz, 2000, 83-89.

Bonnet C., Melqart. *Cultes et mythes de l'Héraclès tyrien en Méditerranée*, Louvain-Namur, 1988.

Bonnet C., *Astarté. Dossier documentaire et perspectives historiques*, Roma, 1996.

Bunnens G., *L'expansion phénicienne en Méditerranée occidentale*, Bruxelles-Rome, 1979.

Charles-Picard G. et C., *La vie quotidienne à Carthage au temps d'Hannibal*, Paris, 2e éd., 1982.

Ciasca A., *Mozia. Sguardo d'insieme sud tofet*, Vicino Oriente, 8 (1992), 113-155.

Cintas P., *Manuel d'archéologie punique*, I-II, Paris, 1970-1976.

Desanges J., *Recherches sur l'activité des Méditerranéens aux confins de l'Afrique*, Paris, 1978.

Dridi H., *Carthage et le monde punique (Guides Belles Lettres des civilisations)*, Paris, 2005.

Fantar M.-H., *Kerkouane, cité punique au cap Bon*, vol. I-II, Tunis, 1984-1986.

Fantar M.-H., *Carthage. Approche d'une civilisation*, I-II, Tunis, 1993.

Fantar M.-H., *Carthage. La cité punique*, Tunis-Paris, 1995.

Friedrich J., Röllig W., Amadasi Guzzo M.G., *Phönizisch-punische Grammatik*, 3. Auflage, Unter Mitarbeit von W.R. Mayer.

Gras M., Dubœuf P., *L'architecture de la tombe de Yada'milk à Carthage. Essai de restitution*, dans Amadasi Guzzo-Liverani-Matthiae, 2002, 253-267.

Gras M., Rouillard P., Teixidor J., *L'univers phénicien*, Paris, 1989.

Huss W., *Geschichte der Karthager (Handbuch der Altertumswissenschaft, 3. Abteilung, 8. Teil)*, München, 1985.

Huss W., *Die Karthager*, München, 1990.

Krings V. (éd.), *La civilisation phénicienne et punique. Manuel de recherche*, Leiden, 1995.

Krings V., *Carthage et les Grecs, ca. 580-480 av. J.-C. Textes et histoire*, Leiden, 1998.

Lancel, S.(sous la dir.), Byrsa I, *Mission archéologique française ? Carthage. Rapports préliminaires des fouilles 1974-1976* (coll. de l'École française de Rome, 41), Rome, 1979.

Lancel, S.(sous la dir.), Byrsa II, *Mission archéologique française à Carthage. Rapports préliminaires des fouilles 1977-1978 : niveaux et vestiges puniques* (coll. de l'École française de Rome, 41), Rome, 1981.

Lancel, S., *Introduction à la connaissance de Carthage : la colline de Byrsa à l'époque punique*, Paris, 1983.

Lancel, S., *Carthage*, Paris, 1992.

Lancel, S., *Hannibal*, Paris, 1995.

Leglay M., *Saturne africain (Histoire, Monuments: I. Afrique Proconsulaire; II. Numidie, Maurétanie)*, Paris, 1961-1966.

Lipinski, E.(éd.), *Dictionnaire de la civilisation phénicienne et punique*, Turnhout, 1992.

Lipinski, E., *Dieux et déesses de l'univers phénicien et punique*, Leuven, 1995.

Morel, J.-P., *Vie et mort dans la Carthage punique d'après les fouilles de Byrsa (VIIe-IIe siècle av. J.-C.)*, Tunis, 2e éd., 2000.

Moscati, E., *Gli adoratori di Moloch. Indagine su un celebre rito cartaginese*, Roma, 1991.

Moscati, E. (éd.), *I Fenici : ieri, oggi, domani. Ricerche, scoperte, progetti*, Roma, 1994.

Nicolet C. (éd.), *Rome et la conquête du monde méditerranéen, en 264-27 av. J.-C.*, t. 2 : *Genèse d'un empire*, Paris, 1978.

Sznycer M., Les passages puniques en transcription latine dans le « Poenulus » de

Plaute 43 (Études et commentaires, 65), Paris, 1987.
Sznycer M., *Carthage et la civilisation puniue*, dans Nicolet, 1978, p. 545-593.
Vegas, M., *Carthage fenicio-púnica. Les excavaciones alemanas en Carthago 1975-1997 (Cuadernos de arqueología mediterránea, 4)*, Barcelona, 1998.
Xella P., Ba'al Hammon, *Recherches sur l'identité et l'histoire d'un dieu phénico-punique*, Roma, 1991.
Zamora, J. A. (éd), *El hombre fenicio. Estudio y materiales*, Roma, 2003.

参考文献③
（訳者による）

Der Neue Pauly, Supplemente 2: M. Landfester (Hrsg.), *Geschichte der antiken Texte*, Stuttgart 2007 (WBG).
Der Neue Payly. Supplemente 3: A. M. Wittke/E. Olshausen/R. Szydlak, *Historische Atlas der antiken Welt*, Stuttgart 2007 (WBG).
ゲルハルト・ヘルム『フェニキア人――古代海洋民族の謎――』（関楠生訳），河出書房新社，1976年.
アラン・ロイド『カルタゴ――古代貿易大国の滅亡――』（木本彰子訳），河出書房新社，1983年.
服部伸六『カルタゴ――消えた商人帝国――』，現代教養文庫，1987年.
マドレーヌ・ウルス=ミエダン『カルタゴ』（高田邦彦訳），白水社文庫クセジュ，1996年.
ベルナール・コンベ=ファルヌー『ポエニ戦争』（石川勝二訳），白水社文庫クセジュ，1999年.
グレン・E・マーコウ『フェニキア人』（片山陽子訳），創元社，2007年.

引用古典の一覧

本書で引用されている古典の著作を訳文の中で示す場合，邦語を使い，簡略を旨としたために，著者名と著作名の原語名を以下に示す．邦訳のある著作名は，それに従い，それ以外は訳者による試訳である．ギリシア語の著作名は原語をラテン語で表記した．ユスティヌス以外について，詳しくは *Der Neue Pauly*, Supplemente 2 を参照されたい．

アッピアノス『リビュア史』Appianos, *Libyké*.
アリストテレス『政治学』Aristoteles, *Politica*.
ウェルギリウス『アエネイス』P. Vergilius Maro, *Aeneis*.
キケロ『国家について』M. Tullius Cicero, *De re publica*.
サルスティウス『ユグルタ戦記』C. Sallustius Crispus, *Bellum Jugurthinum*.
ストラボン『ギリシア・ローマ世界地誌』Strabon, *Geographica*.
大プリニウス『博物誌』C. Plinius Secundus, *Naturalis historia*.
ディオニュシオス『ローマ古史』Dionysius Halikarnasseus, *Antiquitates Romanae*.
ディオドロス『歴史書集成』Diodoros Siculus, *Bibliotheca historica*.
ネポス『名士伝』（ハンニバル伝）Cornelius Nepos, *De viris illustribus*.
パウサニアス『ギリシア案内記』Pausanias, *Graeciae descriptio*
ピンダロス『オリンピア賛歌』Pindaros, *Olympia*.
ヘロドトス『歴史』Herodotos, *Historiae*.
ポリュビオス『歴史』Polybios, *Historiae*.
ユスティヌス*
ヨセフス『アピオンを駁す』Flavius Josephus, *Contra Apionem*.
リウィウス『ローマ建国以来の歴史』Titus Livius, *Ab urbe condita libri*.

*ユスティヌス Justinusについては， Pompeius Trogus, *Historiae philippicae*の要約を残したとしかわかっていない．

訳者略歴
石川勝二（いしかわ・かつじ）
一九四〇年生まれ
一九七〇年名古屋大学大学院修了
古代ローマ史専攻
愛媛大学教授を経て、現在、椙山女学園大学教授
主要著訳書
『古代ローマのイタリア支配』（渓水社）
『移動の地域史』（共著、山川出版社）
A・クレリシ／A・オリヴジ『ローマ共和政』（共訳、白水社文庫クセジュ四五四番）
B・コンベ＝ファルヌー『ポエニ戦争』（白水社文庫クセジュ八一二番）

カルタゴの歴史
地中海の覇権をめぐる戦い

二〇〇九年四月二〇日第一刷発行
二〇一〇年五月二〇日第二刷発行

訳者 © 石川勝二
発行者 及川直志
印刷所 株式会社平河工業社
発行所 株式会社白水社

東京都千代田区神田小川町三の二四
電話 営業部〇三（三二九一）七八一一
編集部〇三（三二九一）七八二一
振替 〇〇一九〇―五―三三二二八
郵便番号一〇一―〇〇五二
http://www.hakusuisha.co.jp
乱丁・落丁本は、送料小社負担にてお取り替えいたします。

製本：加瀬製本
ISBN978-4-560-50935-7
Printed in Japan

文庫クセジュ

歴史・地理・民族(俗)学

文庫クセジュ

文庫クセジュ

語学・文学

28 英文学史
185 スペイン文学史
223 フランスのことわざ
258 文体論
266 音声学
407 ラテン文学史
453 象徴主義
466 英語史
489 フランス詩法
514 記号学
526 言語学
534 フランス語史
579 ラテンアメリカ文学史
598 英語の語彙
618 英語の語源
646 ラブレーとルネサンス
690 文字とコミュニケーション
706 フランス・ロマン主義
711 中世フランス文学
714 十六世紀フランス文学
716 フランス革命の文学
721 ロマン・ノワール
729 モンテーニュとエセー
730 ボードレール
741 幻想文学
753 文体の科学
774 インドの文学
776 超民族語
777 文学史再考
784 イディッシュ語
788 語源学
800 ダンテ
817 ゾラと自然主義
822 英語語源学
829 言語政策とは何か
832 クレオール語
833 レトリック
838 ホメロス
840 語の選択
843 ラテン語の歴史
846 社会言語学
855 フランス文学の歴史
868 ギリシア文法
873 物語論
901 サンスクリット
924 二十世紀フランス小説
930 翻訳
934 比較文学入門